大學衍義

1

宋 真德秀 編

明崇禎五年刊本

图书在版编目（CIP）数据

大学衍义 / （宋）真德秀编. -- 北京 : 海豚出版社, 2018.1
ISBN 978-7-5110-4134-0

Ⅰ. ①大… Ⅱ. ①真… Ⅲ. ①儒家②《大学》—研究 Ⅳ. ①B222.15

中国版本图书馆CIP数据核字(2017)第329635号

书名：大学衍义
作者：（宋）真德秀编
责任编辑：李俊
责任印制：蔡丽
出　　版：海豚出版社
网　　址：http://www.dolphin-books.com.cn
地　　址：北京市百万庄大街24号
邮　　编：100037
电　　话：010-68325006（销售）　010-68998879（总编室）
印　　刷：虎彩印艺股份有限公司
经　　销：新华书店及网络书店
开　　本：16开（210毫米×285毫米）
印　　张：105
字　　数：840（千）
版　　次：2018年1月第1版　2018年1月第1次印刷
标准书号：ISBN 978-7-5110-4134-0
定　　价：2640元

出版説明

人是一種會思想的動物，無論是要適應環境，克服生存的困難，抑或爲了生活得更有意義，思想皆不可或缺。在一般的中文習慣中，思想的涵義比"哲學"更寬泛，這種語用習慣的差異，也影響到學者對學術視野的選擇。一般而論，思想史的範圍也較哲學史爲廣闊，雖然很少得到清晰地界定，但它不失爲一種有效的學術視野。

在近代中國學術史上，思想史研究的興起與哲學史大約同時。一九〇二年三月，梁任公在其創辦的《新民叢報》上連續發表了《論中國學術思想變遷之大勢》系列論文，這可能是最早由國人撰著發表的思想史論文。而第一本由國人撰寫的中国古代哲學通史，則爲一九一六年謝無量的《中國哲學史》。這兩本早期著述有其學術史的意義，但其中對學科的性質與研究方法等多無明確的説明。事實上，無論是學者的闡述，還是其實際的操作，在思想史與哲學史之間都不易劃出清晰的界限，直到當代也仍然如此。拋開細節不論，就語用習慣及有關實踐而言，思想史表徵一種對歷史文化廣闊而深入的關照，其研究方法，關注的問題，都較哲學史爲多元，史料基礎也不可同日而語。尤其是在郭沫若、侯外廬等人建立起來的研究傳統中，思想史有明确的社會史取向，或因其與傳統的文史之學有親和性，以至在今天，這種思路仍然很有生命力。

文獻發掘向來是思想史研究的基本環節。爲了促進有關研究，我們選輯多種文本編爲"中國古代思想史珍本文獻叢刊"。全編選目包括經典文本，如儒、道二家的經解，重要思想家作品的早期刻本，和某些并不廣泛受到關注的作家文集的舊刻本。本編中也選錄了數種反映古代民俗信仰的文獻，如《關聖帝君聖跡圖志》、《卜筮正宗》等等。這些文本在傳統的學術視野中，多以爲不登大雅之堂，在今日視之，或者正因其反映了古代社會一般的信仰氛圍，而有重要的文本價值。此外，本編也著意收錄了數種通常被視爲藝術史史料的文本，如《寶綸堂集》、《徐文長文集》等，我們認爲對思想史關注而言，範圍與深度同樣重要。

選集本編，也有文獻學上的意圖。中國古代有悠久的文獻學傳統，大量古籍文本的傳刻與整理造就了古代中國輝煌的古籍文化。本編收錄的這些刻本不僅是古代學術發生、衍變的物質證據，也是古代古籍文化的重要部分。本編所收錄的全部作品皆爲彩版影印，最大限度地保存了文獻的細節。其中有部分殘卷，視具體情況，或者補配，或者一仍其舊。本編的選目受制於編者的認識與底本資源，或者有不妥、不備之處，希望讀者不吝指正。

目録

第一册

第二册

第三册

第一册

陳眀卿太史評

大學衍義

南城翁少麓行

大學衍義序

從來典謨訓誥皆治

道也則皆經術也古

帝王垂衣裳端弁冕

而臨諸侯治百官察
萬民有不從理學中
流濫者乎而理學之
名不立自尼山至聖

不得君相之位遑與
諸弟子講明斯道於
洙泗之間正謂不行
於一時者行於萬世

宗聖氏獨得其傳著爲大學括其綱領舉其條目經之以經緯之以傳使後之執大

棲御皇極者畫然有所憑依而灼然有所遵守所謂君天下之律令格式也乃後之

儒者進於朝則譚經濟退於野則譚理學若使性命道德之精與治亂安危之故判

爲兩途經濟既無其

體而理學亦無其用

正心誠意之學竟爲

世所厭棄而天下舉

無善治矣西山眞氏
有憂之爲衍義一書
弁以聖賢之典訓證
以今古之事蹟附以

諸儒之發明而明道術辨人材審治體察民情崇敬畏戒逸欲謹言行正威儀重妃

匹嚴內治定國本教

戚屬凡帝王傳心之

要典不既犂然臚列

矣哉至我

明瓊山丘氏復補治
平於脩齊之次曰正
朝廷正百官固邦本
制國用明禮樂秩祭

祀崇教化備規制慎
刑憲嚴武備馭夷狄
成功化綱復有綱焉
目復有目焉洵所謂

不出殿廷而洞晰邑
里邊鄙之情狀不煩
探索而已盡御世撫
民之良規治平之成

法尚有外於此書者乎而今學士未嘗究心經筵不以進講眞儒之效既渺而王道

之原不關理學經濟
兩岐而兩譽據矣吾
友明卿氏又有憂之
披閱二書句櫛字比

剖其意義究其指歸使讀者燦於心目暢於尋繹而自

孝宗皇帝以及

光宗皇帝百餘年間
大經大法臚列以補
丘氏之後凡出治之
本輔治之法如農有

畔如衣有幅不患於
提挈之難經術經世
舉而措之易如指掌
焉聞嘗與明卿私語

謂圖治之道察於事則愈察而愈細研於理則愈研而愈精蓋細則煩而精則簡用

形用神之别也故聖
帝明王約術綦約成
功綦邈不必左顧右
聆曲防擁蔽之虞而

無黨無偏坐致蕩平之化則夫體全用大盡洗迂儒俗儒之學而直追唐虞三代之

風舍二書何從問道

哉明卿氏之表章有

功於聖治聖學宏遠

矣

右春坊右庶子兼翰
林院侍讀文震孟
謹序

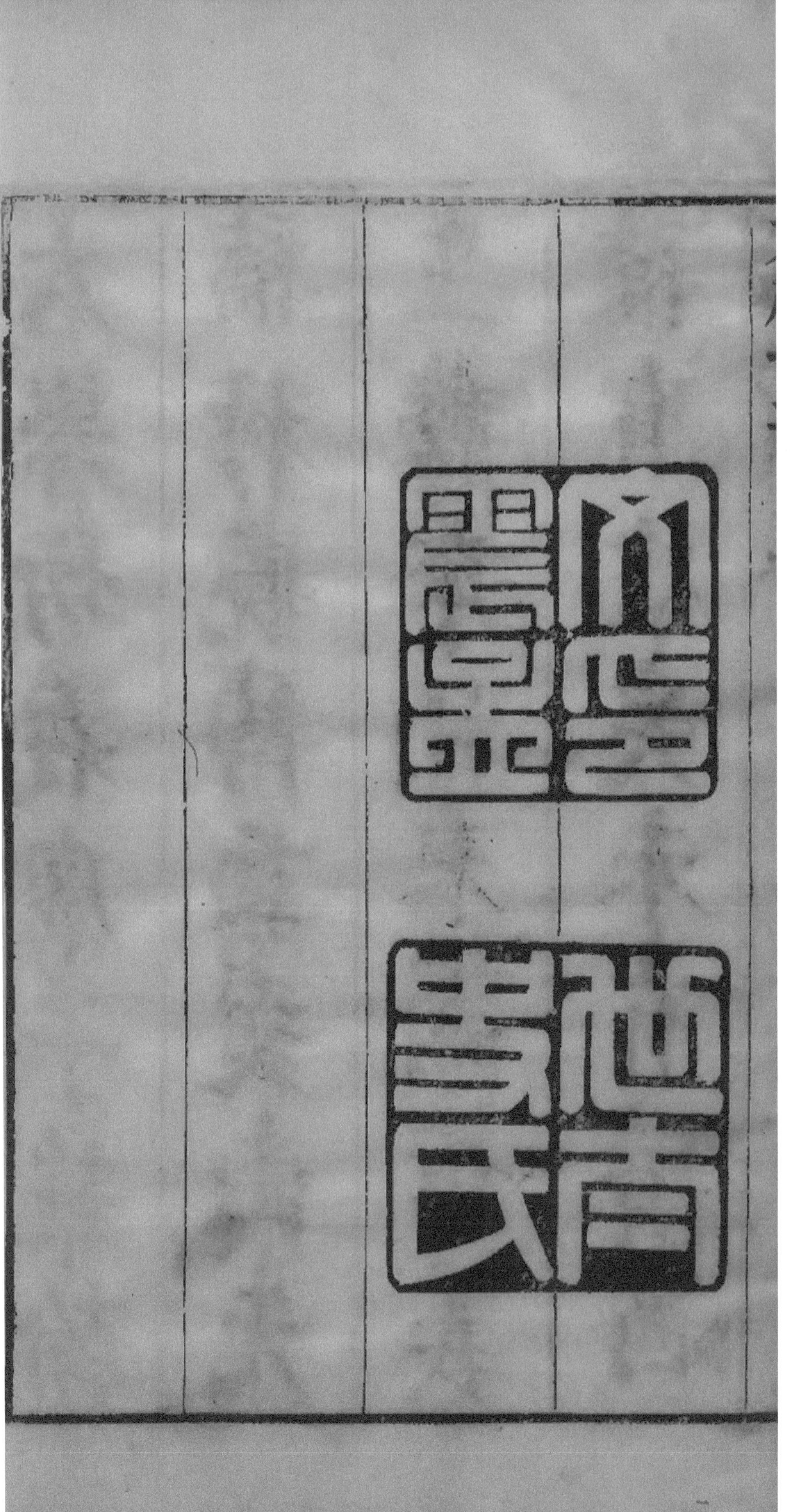

大學衍義序

補衍義爲丘瓊山先

生數年㠯來誦衍義

補有之矣未有讀西

山先生書而好之者
予故合刻二書仍圖
補所未備而先之以
衍義人之言曰爲君

難爲臣不易于講筵
大可見此臣子請獻
第一義也深厚懇惻
溢于至誠而痛陳事

理不嫌激切西山先生洵有之矣其言曰使吾君之心炳如白日於天下之理洞若

龝毫雖共兜襍進于
堯朝豈魑魅魍逃于
禹鼎必提其要恒挈
乎本至哉言也然公

之書不進于紹定二年而進于端平元年良亦苦矣甫上書而拜疾速投進之旨次

日後殿聚講面諭朝
夕觀覽忽有旨便合
就今日進讀公須别
寫帝曰已在此矣因

歎先喆進書之不易
主臣相知之不難故
于端平則疾速于紹
定則艱難矣君子藏

器于身待旹而動使
紹定之季遽出此書
㠯嬰丗刅公亦死無
憾肰公固養其身以

有爲也既以大學一
書爲君天下律令格
例尤恨壅蔽之禍不
遠也以明道術辨人

才審治體詧民情首

揭格物致知雖朕不

誠意物惡乎格哉心

誠求赤子而保赤子

之物格矣公之積誠

䤈動如是枝葉未害

本實先撥自古患之

至宋不盡朕本實猶

有存者往往其臣高

才率意出之無序故

公以序爲先眞相時

識勢之言乃其文章

渾潔邃雅尤不可及試常置案頭于心氣甚補公尤拳拳夜對之宋制邇英崇政延

訪從容夜直禁中不
時召對以晝日便朝
薦紳儼劉昌言正論
其保持尤易也故曰

接賢大夫之時多有

宋端人正士同心哉

旹

崇禎壬申孟秋既望

經筵講官左諭德兼
翰林院侍講加俸
一級前
日講官陳仁錫書于

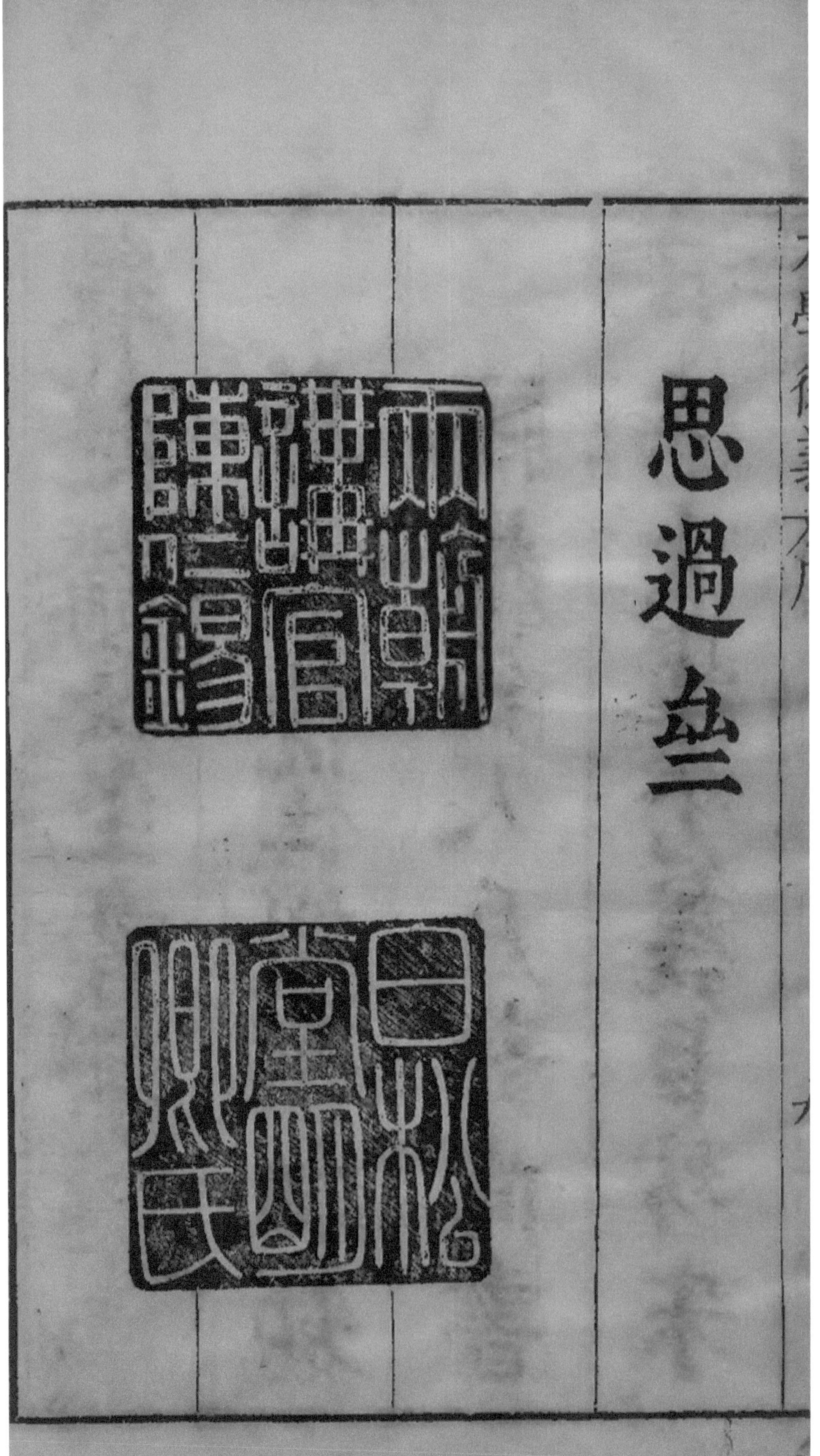
思過亝

續補衍義全書序

眞景元在端平初知
福州召入户部尚書
進大學衍義吕坊宋

未言利之庸人曰望
君父親賢遠姦而未
觝歎臣主遇合之艱
也乃其書獨顯於我

朝恭惟

高廟書兩廡之壁

御筆折評論著而首疏

請誦讀則宋文獻濂

堯舜代作
聖學日新
文廟
仁廟特命取閲

孝廟登極丘文莊濬旹
官祭酒補義恭呈
聖德淵洞弘文好學萬
古稱焉丘書詳於事

彝於古而淵於今弘

治昌後闕如也

世廟

神廟享國長久嘉靖初

楊宗伯節畧吕進萬
曆間屢壓
宸注葢有味乎景元進
書之日痛陳三劉其

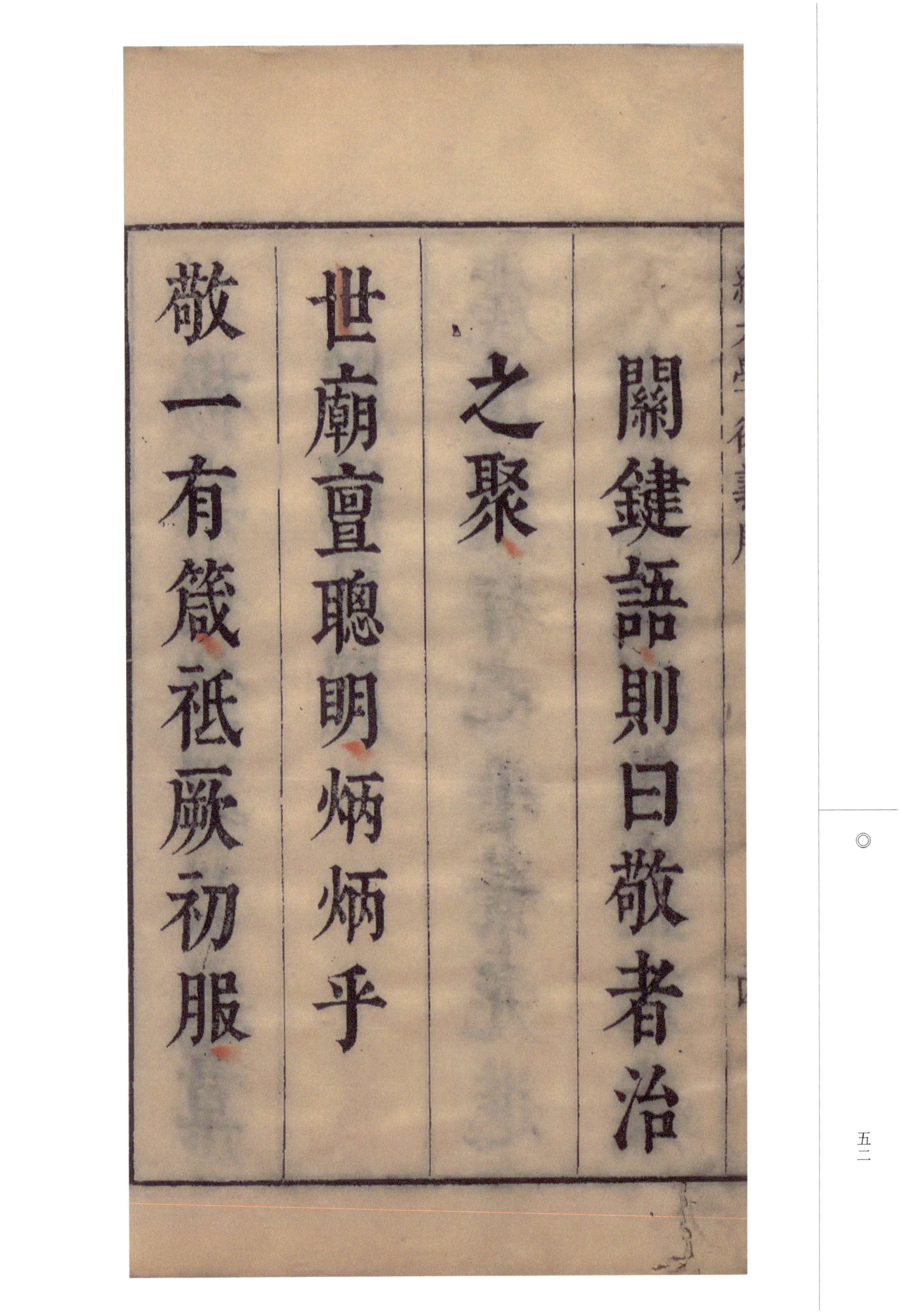

闕鍵語則曰敬者治

之聚

世廟亶聰明炳炳乎

敬一有箴祗厥初服

神廟久道化成實表章

闡繹昌開

聖子神孫之道統弃

天無極哉仁錫竊念大

學一書知止至善知
所先後知修身爲本
而知至矣其大作手
則用人理財盡之矣

用人去忮⿰忄菐理財式

聚斂盡之矣儒者言

格物多詞費肰不致

知不誠意何一物之

能格哉此弃聚歛何與大都有名理之聚歛有經術之聚歛有經濟之聚歛弃本逐

末終其身學爲賈人
巳矣言利之端自此
始也格物者格其欲
明明德於天下者故

有物必有則明之是
德絜之是矩知好知
惡爲善去惡盡之矣
如惡惡臭如好好色

而一身之物格好知
其惡惡知其美而一
家之物格孝事君弟
事長慈使衆而一國

之物格民之所好好

之民之所惡惡之而

天下之物格否則慈

父不能格其子良農

不能格其苗父子兄弟皆不足法之人貪戾作亂漸不可嚮之俗本末一淆潰決至

此故知本者格知先
者格知止者格有終
即看始有本即有末
有先即有後者格有

終始也有本末也有
先後也而精神專注
於根荄者格仁錫首
提此義論道自伏羲

神農黃帝堯舜禹湯

文武直接

高廟

列聖而三代以下皆不

弁焉以修身爲一題

本朝建極立萬世之身

法以齊家爲一題

本朝寶訓立萬世之家

法以治國爲一題

本朝都

兩畿立萬世治國之

法以平天下爲一題

本朝統一華夏敉寧邊
海立萬世平天下之
法其先務曰用人曰
理財是故得人最盛

而水旱有積寇盜有
備斷斷乎言利勿用
巳言必稱堯舜古人
謂之敬君況吾身親

見之敢緐攄乎哉竊
惟漢唐宋不剏引即
題目亦不剏溢書垂
成矣先出二評見意

韓子不云乎擇焉而不精語焉而不詳古今著書通患誠愼之也

明崇禎壬申季冬既望
經筵講官左春坊左諭
德兼翰林院侍講陳
仁錫書于潛確居

大學衍義序

臣始讀大學一書見其自格物致知誠意正心脩身齊家至於治國平天下其本末有序其先後有倫蓋嘗撫卷三歎曰爲人君者不可以不知大學爲人臣者不可以不知大學爲人君而不知大學無以清出治之源爲人臣而不知大學無以盡正君之法既又攷觀帝王之治未有不本諸身而達之天下者然後知此書所陳實百聖傳心之要典而非孔氏之私言也三代而下此學失傳其書雖存槩以傳記目之而已求治者既莫之或考言治者亦不以望其君獨唐

韓愈李翺嘗舉其說見于原道復性之篇而立朝論議曾弗之及葢自秦漢以後尊信此書者惟愈及翺而亦不知爲聖學之淵原治道之根柢也況其他乎臣嘗妄謂大學一書君天下者之律令格例也本之則必治違之則必亂近世大儒朱熹嘗爲章句或問以析其義

寧皇之初入侍

經帷又嘗以此書進

講願治之君儻取其書玩而繹之則凡帝王爲治之序爲學之本洞然於胸次矣臣不佞竊思所以羽翼

荀揚取其語非錄其人所謂不以人廢言

是書者故劉取經文二百有五字載于是編而先之以堯典皐謨伊訓與思齊之詩家人之卦者見前聖之規模不異乎此也繼之以子思孟子荀況董仲舒揚雄周敦頤之說者見後賢之議論不能外乎此也以上論帝王爲治之序

堯舜禹湯文武之學純乎此者也商高宗周成王之學庶幾乎此者也漢唐賢君之所謂學已不能無悖乎此矣而漢孝元以下數君之學或以技藝或以文辭則甚謬乎此者也以上論帝王爲學之本

上下數千載間治亂存亡皆繇是出臣故斷然以爲君天下之律令格例也雖然人君之學必知其要然後有

在格物正是知要從誠意先立從知本知止知先後下手今反求之事物泛而失要矣

以爲用力之地。葢明道術。辨人材。審治體。察民情者。人君格物致知之要也。明道術之目有四。曰天性人心之善。曰天理人倫之正。曰吾道異端之分。曰王道霸術之異。辨人材之目亦有四。曰聖賢觀人之法。曰帝王知人之事。曰姦雄竊國之術。曰憸邪罔上之情。審治體之目有二。曰德刑先後之分。曰義利重輕之別。察民情之目亦有二。曰生靈向背之由。曰田里戚休之實。崇敬畏戒逸欲者。誠意正心之要也。崇敬畏之目有六。曰脩己之敬。曰事天之敬。曰臨民之敬。曰治事之敬。曰操存省察之功。曰規儆箴戒之助。戒逸欲之目有五。曰沉湎之戒。曰荒淫之戒。曰盤游之戒。曰奢侈之戒。而先之以總論者。所以兼戒四者之失也。謹言行。正威儀者。脩身之要也。二事無其目。重妃匹。嚴內治。定國本。教戚屬者。齊家之要也。重妃匹之目有四。曰謹選立之道。曰賴規儆之益。曰明嫡媵之辨。曰懲廢奪之失。嚴內治之目有四。曰宮闈內外之分。曰宮闈預政之戒。曰內臣忠謹之福。曰內臣預政之禍。定國本之目有四。曰建立之計宜蚤。曰諭教之法宜豫。曰嫡庶之分宜辨。曰廢奪之失宜監。教戚屬之目有二。曰外家謙謹之福。曰外家驕溢之禍。四者之道得。則治國平天下在其中矣。每條之中。首以聖賢之明訓。參以前古之事蹟。得失之鑑。炳然可觀。昔者入

侍

邇英。蓋嘗有志乎是。比年以來。屏居無事。迺得繙閱經傳。彙而輯之。畎畝微忠。朝思暮繹。所得惟此。祕之巾笥。以俟時而

獻焉。其書之指。皆本大學。前列二者之綱。後分四者之目。所以推衍大學之義也。故題之曰大學衍義云。

臣德秀謹序

君父好學則六平立致

進大學衍義表

臣德秀言伏惟九月十五日

尚書省劄子爲臣具

奏乞投進所撰大學衍義奉

聖旨令疾速投

進者伏以汗竹雖厘何補聖經之奧食芹欲獻誤承

天語之溫以十年纂輯之餘欣一旦

遭逢之幸臣德秀惶懼惶懼頓首頓首惟大學設八

條之教爲人君立萬世之程首之以格物致知示窮

理乃正心之本推之以齊家治國見脩己爲及物之

原曾子之傳獨得其宗程氏以來大明厥旨遠師儒
之繼出有章句之昭垂臣少所服膺晚而知趣謂淵
源遠矣實東魯教人之微言而綱目粲然邇南面臨
民之要道囊叨侍從論思之列適當姦諛蒙蔽之時
念將開廣于
聰明惟有發揮于經術使吾
君之心炳如白日於天下之理洞若秋毫雖其兜雜
進于
堯朝豈魑魅能逃于
禹鼎不量菲薄欲効編摩遽罹三至之讒徒結

九重之戀既投閒而置散因極意以研精矧敢不忩
君每惓惓於報
上藩墻皆置筆幾矻矻以窮年首劉聖賢性命道德
之言旁采古今治亂安危之迹必提其要皆聚此書
凡諸老先生之講明粗加訣括於君子小人之情狀
九極形容載瞻
海岳之崇深期効涓埃之裨補茲蓋恭遇
皇帝陛下乾旋坤轉
日就月將
於緝熙單厥心

基命適隆於成后

念終始典于學

遜志克邁于商宗方將切磋琢磨而篤於自脩定靜

安慮而進於能得事欲明於本末理期貫於精粗適

辞成編冒塵

清燕止其所止願益加止善之功新以又新更推作

新民之化臣干瀆

天威無任激切屏營之至臣所撰到大學衍義四十

三卷并目錄共成二十二帙用黃羅夾複封全謹隨

表上

進以

聞臣德秀惶懼惶懼頓首頓首謹言

中書門下省時政房申狀

翰林學士中奉大夫知制誥兼侍讀眞德秀。照對九月十三日蒙

恩內引奏事乞將所撰大學衍義一書投進面奉

玉音賜允繼準

省劄備奉

聖旨疾速投進遂于十月初二日具表于通政司進入次日後殿聚講恭被

聖諭卿所進大學衍義一書有補治道。

朕朝夕觀覽德秀下殿拜謝而退又于今月十四日

輪當
進讀大學章句既畢。忽蒙
聖訓。卿所進衍義之書。便合就今日進讀。德秀私謂
前所
進本已納
禁中。必須令講筵所別寫。然後可以進讀。遂以未辦
爲對。
聖訓云已在此矣。卽見內侍捧元進第一第二帙在
前。德秀奏云臣所纂輯之書。出於愚陋之見。豈足以
上禆

聖學兼臣初志。正欲儁

燕閒之暇。今乃誤蒙

睿恩。令其進讀。臣不勝感懼之至。再拜祇謝訖。因將

衍義序文進讀畢。

奏云。臣之此序成於紹定二年。所謂俟時而獻者。蓋

待

陛下親政而後獻也。若權臣尚在。

陛下未親大政。臣雖欲進獻。何由徹

乙夜之覽。乃今何幸。獲被進讀。蒙

天顏欣然嘉納。須至申

聞者。

右謹具申。

中書門下省時政記房。

中書門下後省

樞密院掌

聖語時政記房。伏乞

照會謹狀。

端平元年十月　日翰林學士中奉大夫知制誥兼侍讀真德秀狀

臣德秀前以禮部侍郎兼侍讀是時權臣方
以蒙蔽欺
陛下其徒相爲表裏至有肆姦言於
經幄者臣竊憤焉因欲爲是書以
獻未幾御史擊臣以去退屏田園一意纂輯粤九載
其書粗成適
陛下躬親大政又以民曹
召臣臣竊自幸曰衍義之書可以
獻矣迺九月巳酉
賜對于

緝熙殿臣請以是書

進

玉音俞之臣退而讎訂逾旬有半迺畢仰惟

陛下稽古好學敻出百王之表臣之此書雖未足上

裨

聰明萬一然聖賢理義之訓古今成敗之迹大略具

是惟萬機之暇特賜

覽觀推而見之於行事之實其於

聖治或庶幾少補云臣德秀頓首拜手謹言

大學之道絜矩之道只爭一個有方法方法只爭一個有次第

尚書省劄子

中奉大夫新除權戶部尚書眞德秀劄子奏臣聞聖人之道有體有用本之一身者體也達之天下者用也堯舜三王之爲治六經語孟之爲教不出乎此而大學一書繇體而用本末先後尤明且備故先儒謂於今可見古人爲學次第者獨賴此篇之存而論孟次之蓋其所謂格物致知誠意正心脩身者體也其所謂齊家治國平天下者用也人主之學必以此爲據依然後體用之全可以默識矣恭惟

陛下有高宗之遜志時敏

有成王之緝熙光明。
卽位以來。無一日不
親近儒生。無一日不
講劘道義。自昔好學之君。未有加焉者也。臣昨值龍
飛之初。獲陪講讀之末。嘗欲因大學之條目。附之以
經史。纂集爲書。以備
淸燕之覽。匆匆去
國。志弗之遂。而臣區區愛
君憂
國之念。雖在畎畝。未嘗少怠。居閑無事。則取前所爲

而未遂者朝夕編摩名之曰大學衍義首之以帝王爲治之序者見堯舜禹湯文武之爲治莫不自心身始也次之以帝王爲學之本者見堯舜禹湯文武之爲學亦莫不自心身始也此所謂綱也首之以明道術辨人材審治體察民情者格物致知之要也次之以崇敬畏戒逸欲者誠意正心之要也又次之以謹言行正威儀者脩身之要也又次之以重妃匹嚴內治定國本教戚屬者齊家之要也此所謂目也而目之中又有細目焉每條之中首之以聖賢之典訓次之以古今之事迹諸儒之釋經論史有所發明者錄

之臣愚一得之見亦竊附焉雖其銓次無法論議無
取然人君所當知之理所當爲之事粗見於此
陛下親政之始而臣書適成爲卷四十有三爲帙二
十有二輒因召
對冒昧以
聞伏望
聖慈察臣一念愛
君之篤
矜臣十年用功之勤特降
睿旨許臣投

進而
陛下於機政之暇。
講讀之餘。
賜以
覽觀。其於
體用之學。不無秋毫之補。取
進止。九月十四日。三省同奉
聖旨疾速投進。
右劄送
新除權戶部眞尚書

端平元年九月十五日

大學衍義總目

帝王爲治之序

帝王爲學之本

堯舜禹湯文武之學

商高宗周成王之學

漢高文武宣帝之學

漢光武明帝唐三宗之學

漢魏陳隋唐數君之學

格物致知之要

明道術

天性人心之善

天理人倫之正

吾道源流之正

異端學術之差

王道霸術之異

格物致知之要

辨人材

聖賢觀人之法

帝王知人之事

姦雄竊國之術

憸邪罔上之情

格物致知之要

審治體

德刑先後之分

義利重輕之别

格物致知之要

察民情

生靈向背之由

田里戚休之實

誠意正心之要

崇敬畏

脩己之敬

事天之敬

遇災之敬

臨民之敬

治事之敬

操存省察之功

規警箴戒之助

誠意正心之要

戒逸欲

齊家之要

定國本

建立之計宜蚤

諭教之法宜豫

嫡庶之分宜辨

廢奪之失宜監

齊家之要

教戚屬

外家謙謹之福

外家驕溢之禍

大學衍義總目 終

大學衍義目錄

大學衍義卷之一

宋 學士 真德秀 彙輯

明 史官 陳仁錫 評閱

帝王爲治之序

堯典虞書篇名。典者常也。曰若稽古帝堯。曰若發語辭曰字與粵越通用稽考也言考古之帝堯。其事云云也。曰放勳。放至也亦廣大之意如放乎四海之放勳功也。欽明文思安安。欽敬也。思去聲。允恭克讓。允信也。克能也。光被四表格于上下。被及也四表四外也。格至也上天下地也。克明俊德以親九族明明之也俊大也以用也九族高祖至玄孫之親。九族既睦平章百姓。既已也睦和輯也平均也章明也。百姓畿內之民也。百姓昭明協和萬邦黎民於變時雍。昭亦

次序敍不可少

明也協合也於美也變化也時是也雍和也

臣按此章紀堯之功德與其爲治之次序也自鴻荒以來羲農黃帝數聖人作皆有功于生民而堯之功爲尤大故曰放勳亦猶孔子稱堯曰巍巍乎其有成功也欽明文思堯之德也欽謂無不敬明謂無不照文謂英華之發見思謂意慮之深遠安安無所勉强之意言其德性之美出乎自然不待用力所謂性之者也允恭克讓堯之行也恭非飾貌故曰允恭讓非强爲故曰克讓所謂安而行之者也積諸中者深厚則發

乎外者光明故能覆冒四表而昭格兩間此所謂帝者之德也克明俊德言能明其大德也欽明文思者衆德之目大德則其總名也明俊德者脩身之事親九族者齊家之事所謂身脩而家齊也九族既睦平章百姓所謂家齊而國治也百姓昭明協和萬邦黎民於變時雍所謂國治而天下平也明曰昭明明之至也和曰協和和之極也曰於變則無民之不化無俗之不美雍雍乎如歲之春此所謂帝者之治也先言克明俊德謂堯能自明其德次言百姓昭明謂民

亦有以明其德也德者人之所同得本無智愚之間凡民局于氣禀蔽于私欲故其得不能自明必賴神聖之君明德爲天下倡然後各有以復其初民德之明由君德之先明也夫五帝之治莫盛于堯而其本則自克明俊德始故大學以明明德爲新民之端然則堯典者其大學之宗祖歟

皐陶謨亦虞書篇名皐陶舜之聖臣謨其所陳之謀也曰愼厥身脩思永愼敬謹也厥其也永長也惇叙九族惇厚也叙次也庶明勵翼庶明謂衆賢也勵勉也翼輔也邇可遠在茲邇近也可遠謂可推而及遠也茲此也

臣按臯陶爲帝陳謨未及他事而首以愼脩其身爲言蓋人君一身實天下國家之本而謹之一言又脩身之本也思永者欲其悠久而不息也爲人君者孰不知身之當脩然此心一放則能暫而不能久必也常思所以致其愼者今日如是明日亦如是以至無徃而不如是夫然後謂之永不然則朝勤而夕怠乍作而遽息果何益哉後世人主有初而鮮終者由不知思永之義故也謹則常敬而無忽思則常存而不放脩身之道備于此矣然後以親親賢賢二者繼之

九族吾之屏翰也必有以篤叙之使均被其恩衆賢吾之羽翼也必有以勸勵之使樂爲吾助身爲之本而二者又各盡其道焉則自家可推之國自國可推之天下其道在此而已中庸九經之序其亦有所祖歟

伊尹作伊訓商書篇名伊尹湯之聖相湯孫太甲立又相之曰今王嗣厥德嗣繼也今王指太甲謂繼成湯之德也罔不在初初謂卽位之初立愛惟親立敬惟長始于家邦終于四海

臣按此卽齊家治國平天下之序也成湯蓋躬行之故伊尹舉之以訓太甲也欲繼成湯之德

當在嗣位之初，初焉不謹，未有能終者也。德者何？愛親敬長是也。人君之于天下，當無所不愛，而立愛則自親始；當無所不敬，而立敬則自長始。二者愛敬之本也，本旣立，則自家而國，以及于天下，無不在吾愛敬中者。苟無其本而逆施焉，則其愛爲悖德，其敬爲悖禮，豈先王出治之道哉。

詩思齊之二章思齊，大雅篇名。刑于寡妻，至于兄弟，以御于家邦。刑者，儀刑之刑。寡妻，嫡妻也。御，治也。

臣按：此詩之序曰：文王所以聖也。說者謂文王

詩解有進賢說似反淺

世有賢妃之助故能成其聖德然后妃之所以賢則又本于文王之躬化故詩人歌之曰刑于寡妻言文王之德儀于閨門也閨門正矣次及于兄弟以治于家國無不正焉其本皆自文王之身始孟子舉此詩以告齊王而斷之曰言舉斯心加諸彼而已文王非人人化之也脩吾身於此而其效自形於彼故當是時内而后妃有躬儉節用之德無險詖私謁之心公子皆信厚王姬亦肅雍則化行於家矣中林武夫莫不好德汝墳婦人勉夫以正則化行於國矣視堯典

之言若出一揆此帝王所以同道歟

易周易也家人卦名彖曰孔子辭家人女正位乎內男正位乎外男女正天地之大義也家人有嚴君焉父母之謂也嚴尊也君長也父父子子兄兄弟弟夫夫婦婦而家道正正家而天下定矣象曰亦孔子辭風自火出家人君子以言有物而行有恒卦體離下巽上離火也巽風也上九威如吉象曰威如之吉反身之謂也

臣按家人一卦皆言治家之道二以陰爻居內卦之中女正位乎內之象也五以陽爻居外卦之中男正位乎外之象也古者爲宮室辨內外

男子居外凡梱外之事屬焉女子居內凡梱內之事屬焉各有攸主不相侵紊自士庶人以上皆然而人君之家所繫爲尤重故禮有之曰天子聽男教后聽女順天子聽外治后聽內職古者於男女內外之辨其嚴如此豈私意爲之哉天陽爲健主生覆於上地陰爲順主形載於下此天地之正理也男以剛健爲德而所職者斷制女以柔順爲德而所職者奉承男女各得其正則合乎天地之理矣一失其正則悖乎天地之理矣治家以嚴肅爲本父母者一家之君嚴

則家政舉。不嚴則家政壞。然所謂嚴者。非猛暴之謂也。父盡父之道。子盡子之道。推之兄弟夫婦莫不盡其道。上下肅然無或少紊。如此則家道正。人君之家正。推之於天下無不正者。故曰正家而天下定矣。卦體內離外巽。故言風自火出。君子觀此卦之象。知天下之事。莫不由內而出。以家與國言。則國之治亂自家而出。以身與家言。則家之正否。自身而出。故治國在於正家。而正家又在於反身。吾身言行一有不謹。則無以律其家矣。故言必有物。物謂有其實也。行必有常常謂有常度也言行必謹吾身脩矣推之家國無不可者上九一爻復言治家之道嚴威則吉聖人慮後世昧其本旨或以猛暴爲威不知治身弗嚴以威加人未有能服之者故以反身言之欲人君自反其身一言一動凜然不苟是則所謂威如也合彖象而觀則家爲天下之本身又爲家之本蓋斷斷乎有不可易者

大學禮記篇名大學之道在明明德在親民親當作新在止於至善知止而后有定定而后能靜靜而后能安安而后能慮慮而后能得物有本末事有終始知所先後

格物要處全在誠意是立至誠之心以格之非泛格也所以一頭緊着身心一頭緊着天下國家再無不關痛痒者故曰格

則近道矣古之欲明明德於天下者先治其國治平聲欲治其國者先齊其家欲齊其家者先脩其身欲脩其身者先正其心欲正其心者先誠其意欲誠其意者先致其知致知在格物物格而后知至知至而后意誠意誠而后心正心正而后身脩身脩而后家齊家齊而后國治國治而后天下平自天子至於庶人壹是皆以脩身為本其本亂而末治者否矣其所厚者薄而其所薄者厚未之有也

臣按堯典諸書皆自身而推之天下至於先之以格物致知誠意正心而後次之以脩其身則

自大學始發前聖未言之蘊示學者以從入之塗。厥功大矣。

中庸（亦禮記篇名。孔子之孫子思所作也。子思名伋。曾子之門人也。）凡爲天下國家有九經。（經者經緯之經）曰。脩身也。尊賢也。（尊猶敬也）親親也。（上親字謂親睦之也。下親字謂宗族內外之稱。）敬大臣也。體羣臣也。（體言體卹之如其身也）子庶民也。（庶衆也。言以子視其民也。）來百工也。（來如招來之來）柔遠人也。（柔謂撫柔之柔）懷諸侯也。（懷猶念也）脩身則道立。尊賢則不惑。親親則諸父昆弟不怨。（諸父謂伯父叔父也。昆兄也。）敬大臣則不眩。（眩。惑也）體羣臣則士之報禮重。子庶民則百姓勸。來百工則財用足。柔遠人則四方歸之。懷諸侯則天下畏之齊明盛服非禮不動所以脩身也去讒遠色賤貨而貴德所以勸賢也尊其位重其祿同其好惡所以勸親親也官盛任使所以勸大臣也忠信重祿所以勸士也時使薄斂所以勸百姓也日省月試旣廩稱事（旣讀曰餼）所以勸百工也送往迎來嘉善而矜不能所以柔遠人也繼絕世舉廢國治亂持危朝聘以時厚往而薄來所以懷諸侯也凡爲天下國家有九經所以行之者一也

先儒呂大臨曰天下國家之本在身故脩身爲九經之本然必親師友然後脩身之道進故尊賢次

之道之所進莫先其家故親親次之由家以及朝廷故敬大臣體羣臣次之由朝廷以及其國故子庶民來百工次之由其國以及天下故柔遠人懷諸侯次之此九經之序也視羣臣猶吾一體視百姓猶吾子此視臣視民之別也

朱熹曰脩身道立以下言九經之効也道立謂道成於己而可爲民表所謂建其有極是也不惑謂不疑於理不眩謂不迷於事敬大臣則信任專而小臣不得以閒之故臨事而不眩也來百工則通功易事農末相資故財用足柔遠人則天下之旅

皆悅而願出於其塗故四方歸懷諸侯則德之所施者博而威之所制者廣矣故曰天下畏之。

或問九經之說奈何朱熹曰不一其內則無以制其外不齊其外則無以養其中靜而不存則無以立其本動而不察則無以勝其私故齊明盛服非禮不動則內外交養而動靜不違所以為脩身之要也信讒邪則任賢不專徇貨色則好賢不篤賈捐之所謂後宮盛色則賢者隱微佞人用事則諍臣杜口蓋持衡之勢此重則彼輕理固然也故去讒遠色賤貨而一於貴德所以為勸賢之道也親

之欲其貴愛之欲其富兄弟婚姻欲其無相遠故尊位重祿同其好惡所以爲勸親親之道也大臣不親細事則以道事君者得以自盡故官屬衆盛足盛使令所以爲勸大臣之道也盡其誠而恤其私則士無仰事俯育之累而樂趨事功故忠信重祿所以爲勸士之道也人情莫不欲逸亦莫不欲富故時使薄斂所以爲勸百姓之道也日省月試以程其能既廩稱事以償其勞則不信度作淫巧者無所容惰者勉而能者勸矣爲之授節以送其往待以委積以迎其來因能授任以嘉其善不强

其所不欲以矜其不能則天下之旅皆悦而願出於塗矣無後者續之如周武王立夏商之後已滅者封之如齊桓公封衛國治其亂使上下相安持其危使大小相恤朝聘有時而不勞其力貢賜有度而不匱其財則天下諸侯皆竭其力以蕃衛王室而無倍畔之心矣凡此九經其事不同然總其實不出乎脩身尊賢親親而已敬大臣體羣臣則自尊賢之等而推之也子庶民來百工柔遠人懷諸侯則自親親之殺而推之也至於所以尊賢而親親亦曰脩身之至然後有以各當其理而無所悖耳曰親親而不

此爲周政註解乃有宗室任將相表表可紀者正不須一例故又有親而賢之説也

言任之以事者何也曰此親親尊賢竝行不悖之道也苟以親親之故不問賢否而輕屬任之不幸而或不勝焉治之則傷恩不治則廢法是以富之貴之親之厚之而不曰任之以事是乃所以親愛而保全之也若親而賢則自當置之大臣之位而尊之敬之矣豈但富貴之而已哉觀於管蔡監商而周公不免於有過及其致辟之後則惟康叔聃季相與夾輔王室而五叔者有土而無官焉則聖人之意亦可見矣曰信任大臣而無以間之故臨事而不眩使大臣而賢也則可其或不幸而有趙

高朱异虞世基李林甫之徒焉，則鄒陽所謂偏聽生姦，獨任成亂，范雎所爲妬賢嫉能，御下蔽上以成其私，而主不覺悟者，亦安得而不慮耶？曰：不然也。彼其所以至此，正坐不知九經之義而然耳。使其明於此義，而以脩身爲本，則固視明聽聰而不可欺以賢否矣。能以尊賢爲先，則所置以爲大臣者，必不襍以如是之人矣。不幸而或失之，則亦亟求其人以易之而已，豈有知其能爲姦以敗國，顧猶置之大臣之位，使之姑以奉行文書爲職業，而又恃小臣之察以防之哉？夫勞於進賢而逸於得人任則不疑而疑則不任此古之聖君賢相所以誠意交孚兩盡其道而有以共成正大光明之業也如其不然將恐上之所以猜防畏備者愈密而其為眩愈甚下之所以欺罔蒙蔽者愈巧而其為害愈深不幸而臣之姦遂則其禍固有不可勝言者幸而主之威勝則夫所謂偏聽獨任御下蔽上之姦將不在於大臣而在於左右其為國家之禍尤有不可勝言者矣嗚呼危哉

熹又曰一者誠也一不誠則九者皆為虛文矣

臣按九經之說朱熹盡之矣或謂大學先言誠

意正心而後脩身中庸九經之序乃自脩身始何耶曰齊明盛服非禮不動此所謂敬也敬則意誠心正在其中矣熹之以一爲誠何也曰天下之理一則純二則雜純則誠雜則妄脩身不一善惡襍矣尊賢不一邪正雜矣不二不雜非誠而何故舜曰惟一伊尹曰克一中庸曰行之者一

孟子曰人有恒言皆曰天下國家天下之本在國國之本在家家之本在身

臣按孟子謂天下國家乃世人常常稱道之言

而不知國乃天下之本。家乃國之本。身又家之本。其言蓋有序也。本猶木之根。本根固而後枝葉盛。爲治本末亦猶是也。然大學言心。而此不言心者。蓋誠意正心。皆脩身之事。言身則心在其中矣。

孟子曰。道在邇而求諸遠。邇近也 事在易而求之難。人人親其親。長其長。而天下平。

臣按戰國之時。學道者不求之近而求之遠。不知堯舜之道不離於徐行後長之際。而仁義之實止在乎尊親敬長之間。圖事者不求之易而求之難不知闢土地朝秦楚有甚於緣木求魚而老吾老幼吾幼則天下可運之掌故孟子切切以告時君欲其反求之吾身而不責效於天下蓋人君能親其親則人亦莫不親其親能長其長則人亦莫不長其長舉天下之人而各親親各長長則和順輯睦之風行而乖爭陵犯之俗息天下其有不平者乎是亦由一家以達天下之意

荀子（名況）請問爲國曰聞脩身矣而未聞脩國也君者槃也槃圓而水圓君者盂也盂方而水方君者源也

正己而物正有許多工夫次第在

源清則流清，源濁則流濁。

臣按荀況之意，謂君身正則臣民亦正，故多為之喻如此，亦有指哉。

董仲舒（漢武帝時人，建元初以賢良對策）曰：為人君者，正心以正朝廷，正朝廷以正百官，正百官以正萬民，正萬民以正四方。四方正，遠近莫敢不一於正，而亡有邪氣奸其間者。（奸，犯也）是以陰陽和而風雨時，羣生和而萬民殖。

臣按仲舒之論，自孟子之後未有及之者。蓋朝廷者，天下之本；人君者，朝廷之本；而心者，又人君之本也。人君能正其心，湛然清明，物莫能惑。

則發號施令罔有不臧而朝廷正矣朝廷正則賢不肖有别君子小人不相易位而百官正矣自此而下特舉而措之耳夫天之與人本同一氣人事正則正氣應之此善祥之所由集也人事不正則邪氣應之此災異之所由臻也其本在人君之一心而已嗚呼可不謹歟

陽子（名雄字子雲漢成哀間大儒著法言）或問大曰小問遠曰邇未達曰天下雖大治之在道不亦小乎四海雖遠治之在心不亦邇乎

臣按道即理也天下雖大同此一理人君所爲

循理則治悖理則亂故曰治之在道四海雖遠同此一心人君心正則治心不正則亂故曰治之在心一理可以貫萬事治大不在小乎一心可以宰萬物治遠不在邇乎

周惇頤（惇頤字茂叔道州營道人本朝熙寧元豐間以郎官爲監司著太極圖說通書得孔孟之微指）曰治天下有本身之謂也治天下有則家之謂也（則猶準也）本必端端本誠心而已矣則必善善則和親而已矣（端正也誠實也親謂父子兄弟夫婦之屬和猶睦也）家難而天下易家親而天下踈家人離必起於婦人故睽次家人以二女同居而志不同行也（睽家人皆易之卦名也睽卦兌下離上兌少女也離中女也二

女同居而異意故爲睽乖之象堯所以釐降二女于潙汭舜可禪乎吾茲試矣釐理也降下也潙水名汭水北舜所居也是治天下觀于家治家觀于身而已矣身端心誠之謂也誠心復其不善之動而已矣復反也不善之動妄也妄復則无妄矣无妄則誠焉故无妄次復而曰先王以茂對時育萬物深哉无妄復亦二卦也

臣按惇頤之言與前聖實相符契蓋心不誠則私意邪念紛紜交作欲身之脩得乎親不和則閨門乖戾情意隔絶欲家之正得乎夫治家之難所以甚於治國者門內尚恩易於揜義世之

人固有勉於治外者矣至其處家則或狃於妻妾之私或牽於骨肉之愛鮮克以正自檢者而人君尤甚焉漢高帝能誅秦滅項而不能割戚姬如意之寵唐太宗能取孤隋攘羣盜而閨門慙德顧不免焉蓋踈則公道易行親則私情易溺此其所以難也不先其難未有能其易者漢唐之君立本作則既已如此何怪其治天下不及三代哉夫女子陰柔之性鮮不妬忌而險詖者故二女同居則猜間易生堯欲試舜必降以二女者能處二女則能處天下矣舜之身正則

刑家如此故堯禪以天下而不疑也。身之所以正者由其心之誠誠者無他不善之萌動于中。則亟反之而已誠者天理之眞。妄者人爲之僞妄去則誠存矣誠存則身正身正則家治推之天下。猶運之掌也惇頤之言。淵乎旨哉。

大學衍義卷之一 終

大學衍義卷之二

宋　學士　眞德秀　彙輯

明　史官　陳仁錫　評閱

帝王爲學之本

堯舜禹湯文武之學

大禹謨（虞書篇名。紀大禹所陳之謨謨）帝曰。來禹。（此舜命禹之辭）人心惟危。道心惟微。惟精惟一。允執厥中。

朱熹曰。上古聖神繼天立極。而道統之傳。有自來矣。其見於經。則允執厥中者。堯之所以授舜也。人心惟危。道心惟微。惟精惟一。允執厥中者。舜之所以授禹也堯之一言至矣盡矣而舜復益之以三言者則欲以明夫堯之一言必如是而后可庶幾也夫心之虛靈知覺一而已矣而以爲有人心道心之異者以其或生於形氣之私或原於性命之正而所以爲知覺者不同是以或危殆而不安或微妙而難見爾然人莫不有是形故雖上智不能無人心亦莫不有是性故雖下愚不能無道心二者雜於方寸之間而不知所以治之則危者愈危微者愈微而天理之公卒無以勝人欲之私矣精則察夫二者之間而不雜也一則守其本心之正

而不離也從事於斯無少間斷則道心常爲一身之主而人心每聽命焉則危者安微者著而動静云爲自無過不及之差矣夫堯舜禹天下之大聖也以天下相傳天下之大事也以天下之大聖行天下之大事而授受之際丁寧告戒不過如此則天下之理豈有以加于此哉

臣按人心惟危以下十六字乃堯舜禹傳授心法萬世聖學之淵源人主欲學堯舜亦學此而已矣先儒訓釋雖衆獨朱熹之説最爲精確夫所謂形氣之私者指聲色臭味之欲而言也性

命之正者指仁義禮智之理而言也聲色臭味之欲皆發於氣所謂人心也仁義禮智之理皆根於性所謂道性也今即人主一身言之宮室之欲其安膳服之欲其美與夫妃嬪侍御之奉觀逸游田之樂此人心之發也是心爲主而無以裁制則物欲日滋其去桀紂不遠矣知富貴之不可恃而將之以憂勤知驕侈之不可肆而節之以恭儉知旨酒厚味爲逃心之鴆毒思所以御之知淫聲美色爲伐性之斧斤思所以遠之此道心之發也是心爲主而無以汩喪則理

上著只爲幾個百姓

義曰克其去堯舜不遠矣人心之發如銛鋒如悍馬有未易制馭者故曰危道心之發如火始然如泉始達有未易克廣者故曰微惟平居莊敬自持察一念之所從起知其爲聲色臭味而發則用力克治不使之滋長知其爲仁義禮智而發則一意持守不使之變遷夫如是則理義常存而物欲退聽以之酬酢萬變無往而非中矣蓋主於中則曰道心形諸用則曰中道本非二事也欲學堯舜者其惟用力於此乎

益稷篇名亦虞書　禹曰都都美也帝慎乃在位帝曰俞俞然也

堯舜禹湯文武之學

既命禹又命益稷又命契皐夔龍也只為幾個百姓所以丕應徯帝命

禹曰。安汝止。惟幾惟康。幾。微也。康。安也。其弼直。惟動丕應徯志。丕。大也。徯。待也。以昭受上帝。天其申命用休。申。重也。休。美也。

臣按。禹既以謹之一言戒帝矣。猶謂未盡其義。又為三言以敷析之。安汝止者。謂安其心之所止也。人之一心。靜而後能動。定而後能應。若其膠膠擾擾。將為物役之不暇。又何以宰萬物乎。先儒謂心者。人之北辰。辰惟居其所。故能為二十八宿之綱維。心惟安所止。故能為萬事之樞紐。然欲其常安。則有道焉。幾者。念慮萌動之初。康者。治安愉佚之際。幾微之不察。則喜怒哀樂有時而失節。治安之不戒。則盤樂怠傲有時而或肆。如是而欲安所止。其可得乎。曰安止。曰幾康者。聖人養心之要法也。心得其養則能愼乃在位矣。文必輔弼之臣。莫非正直。則內外交養。無時而不安。非惟人應之。天亦應之矣。舜以精一執中告禹。禹復以安止幾康告舜。用功若異。而歸宿實同。欲知舜禹之學者。合而玩之可也。

仲虺之誥。（商書篇名。仲虺。湯之左相。作此以告成湯。）曰。德日新。萬邦惟懷。（懷謂心歸之也。）志自滿。九族乃離。（志者心之所存也。滿驕盈也。離散也。）王懋昭大德。建中于民。（建立也。中者無過不及之謂。）以義制事。（制裁制也。）以禮

制心垂裕後昆予聞曰能自得師者王謂人莫己若者亡好問則裕自用則小

臣按此仲虺勉湯之辭欲其於身心用其功也德脩於身者日新而不已則萬邦惟懷所謂多助之至天下順之也心之所存者驕盈自足則九族乃離所謂寡助之至親戚畔之也日新則日進一日堯舜兢業之事也自滿則日怠一日後世人主不克終之事也治亂之分在此而已懋昭大德即所謂日新其德也懋者欲其常勉昭者欲其常明此心無時而不勉則其德無時

而不明懋之一言乃其機括也大學所引湯之盤銘即其事也懋昭大德者脩身之事大學所謂明明德也建中于民者以身率人之事大學所謂新民也中者民性之本然惟因物有遷故失其正聖人以一身爲民之極使望而趨之皆歸於中此所謂建中于民也然其道豈有他哉以義制事以禮制心而已蓋事有萬端未易裁處惟揆之以當然之理則舉措適當無一事之不中矣心有萬慮未易執持惟内主於敬而視聽言動不敢肆焉則周旋中禮而無一念之不

中矣已之中乃民之所由中也夫王者所以爲法後世者義與禮而已道備於身而無闕則法垂於後而有餘然必不恃已之善以資夫人之善乃可以興反是則危亡之道也虛心好問則天下之善皆歸于我豈不裕乎矜能自任則一已之善其與幾何豈不小乎成湯聖人也而仲虺勉之以學丁寧切至有如此者後之人主可不深味其言

伊尹作咸有一德亦商書篇名作此以告大甲曰惟尹躬暨湯咸有一德躬身也暨及也咸皆也又曰德惟一動罔不吉德二三

一是太極日新是無極故曰無極而太極

動罔不凶又曰終始惟一時乃日新又曰德無常師主善爲師善無常主協于克一協合也

臣按孟子曰湯之於伊尹學焉而後臣之又曰湯武身之也則成湯之聖蓋由學入而其所以有一德者伊尹輔佐之力也伊尹至此又舉以告太甲焉一者何純而不雜常而不息之謂也吉凶者善惡之應人之秉德也純善而能常則動無非吉矣不純乎善而人欲參之不常乎善而人欲間之則二三其德而動無非凶矣易以日新爲盛德先儒謂人之學不日進則日退故

凡有四端于我者正謂出于一也

德不可以不日新不日新者不一害之也始勤而終怠始敬而終肆以一出一入之心爲或作或輟之事德何自而新乎終始之間常一不變則德日以新矣然德無定名有凶有吉將何所擇而師之要當主其善者以爲師善者斯德而不善者非德也善無定體將何所擇而主之要當以協于一者爲主一者斯善而不一者非善也天下之理凡出于一者無有不善如乍見入井之孺子而惻隱興焉此時未有他念之雜一而善也纔有納交要譽之心則不一而非善矣

故考德者以善爲主。而擇善者又以一爲主。太甲悔過遷善之後。伊尹猶慮其擇善未精。執德不定。而轉移于他日。故特作一德之善以告之。而精要莫切於此數語。嗚呼。惟精惟一。舜將遜位。而後以告禹。咸有一德。伊尹將告歸。而後以告太甲。付授丁寧之意如此。爲人君者可不味斯言乎。

周公作立政。周書篇名。公作此以戒成王。文王惟克厥宅心。宅心謂安宅其心。乃克立茲常事司牧人。以克俊有德。

臣按。文王之宅厥心。即大禹所謂安汝止也。堯舜以來累聖相傳。一本乎此。成王卽政之始。周公恐其知文王之治法而未知文王之心法也。故作此書。以立政爲名。所陳皆命官用人之事。而必以宅心爲先。蓋用人乃立政之本。而宅心又用人之本也。夫政事之脩廢。由用人之得失。爲人君者。孰不知之。而用舍之間。鮮不易位者。心無定主。而是非邪正。得以眩之故也。文王惟能安定其心。故能立此常事司牧之人。皆賢而有德者。心猶水然。撓而濁之。不見山嶽。淵澄弗動。毛髮燭焉。惟至公可以見天下之私。惟至正可以見天下之邪惟至静可以見天下之動文王之用人所以皆適其當者由其能宅心之故也文王生知之聖若無所事乎學而其所謂克宅心者是乃文王之學也然不曰克宅厥心而曰克厥宅心者亦猶臯謨不曰慎脩厥身而曰慎厥身脩也讀者其可以辭害意哉

洪範（周書篇名洪大也範法也言治天下之大法）惟十有三祀（武王即位之十三年也商曰祀周曰年箕子義不臣周故仍稱祀）王訪于箕子（箕子殷父師也武王勝殷殺紂立紂子武庚以箕子歸而訪問之箕國也子爵也）王乃言曰嗚呼箕子（歎辭）惟天陰騭下民（陰默也騭升也）相協厥居（相助也協合也）我不知其彝

五行不言用

倫攸叙。彝，常也。倫，理也。攸，所也。叙，次也。箕子乃言曰：我聞在昔鯀陻洪水，汨陳其五行。鯀，禹之父也。陻，塞也。汨，亂也。陳，列也。帝乃震怒，帝，即天也，主宰之謂。震，動也。不畀洪範九疇，彝倫攸斁。畀，與也。疇，類也。斁，敗也。鯀則殛死。鯀治水，九載功用弗成，舜殛之于羽山而死。禹乃嗣興。禹，鯀之子也。舜舉之以代鯀。嗣，繼也。興，起也。天乃錫禹洪範九疇，錫，亦與也。彝倫攸叙。初一曰五行。一曰水，二曰火，三曰土，四曰金，五曰土。以其流行于天地之間，故曰行。次二曰敬用五事。一曰貌，二曰言，三曰視，四曰聽，五曰思。次三曰農用八政。一曰食，二曰貨，三曰祀，四曰司空，五曰司徒，六曰司寇，七曰賓，八曰師。師，兵也。農，厚也。次四曰協用五紀。一曰歲，二曰月，三曰日，四曰星辰，五曰曆數。協，合也。以人占天，欲其協合也。次五曰建用皇極。建，立也。皇，君也。極，至也。立極于上，使人望而從之，故曰建用。次六曰乂用三德。一曰正直，二曰剛克，三曰柔克。治人之道，用此三者，故曰乂用。次七曰明用稽疑。曰擇建立卜筮人，所以稽決疑惑，故曰明用。次八曰念用庶徵。曰雨，曰暘，曰燠，曰寒，曰風，曰時。徵，驗也。念，謂念念在此。次九曰嚮用五福。一曰壽，二曰富，三曰康寧，四曰攸好德，五曰考終命。攸好德者，所好者善也。考終命者，得正而終也。嚮，謂慕也。威用六極。一曰凶短折，二曰疾，三曰憂，四曰貧，五曰惡，六曰弱。凶短折則壽與考終之反也，疾與憂則康寧之反，惡與弱則攸好德之反。六極之極，謂窮極也，與皇極之義不同。威，猶畏也。

臣按：武王克商之初，未皇他事，首以彝倫之叙訪于亡國之臣。訪云者，不敢召而就問之也。彝倫者，治天下之常理，先後本末，各有自然之理，非人之所爲，乃天之所設也。天之於民旣黙陟

不患無理
而患無數
天一地二
理孰大于

之於善又助合其厥居然君師治教之責則於我乎屬我乃未知常理之次敘焉此所以問于箕子也竟憂洪水使鯀治之鯀不能因性順導顧乃隄而塞之以激其勢水既失性火木金土從而汨亂盭水者五行之首一行亂則五者皆亂矣五行天之道鯀汨而亂之則逆乎天矣故天動威怒而不與以大法九疇鯀以殛禹繼而興隨山濬川行所無事而水患以平天乃以大法九疇與之神龜負文出於洛水龜所負者數爾大禹聖人心與天通見其數而知其理因次

是自分理數爲二學問更無歸一是猶岐性命而二之也

之以爲九類，卽今九疇是也。初一至次九，卽所謂彝倫也。五行者，天之所生以養乎人者也。其氣運乎天而不息，其材用於世而不匱，其理則賦于人而爲五常。以天道言之，莫大於此，故居九疇之首。五事者，天之所賦而具乎人者也。貌之恭，言之從，視之明，聽之聰，思之睿，皆性之本然也。必以敬用之，則能保其本然之性。不以敬用之，則貌必至於嫚，言必至於悖，以視聽則昏且窒，以思慮則粗且淺，而本然之性喪矣。五者治身治心之要，以人事而言，莫切於此，故居五

兵刑皆是厚民生事

行之次身心既治然後可施之有政食貨生民之本衣食既足不可忘本故有祀焉司空居民既得其安矣又有司徒之教焉教之而不從者又有司寇之刑焉接遠人以禮而威天下以兵凡此皆所以厚民生故曰農用八政民政既舉則欽天授人有不可後於是繼以歲月日時星辰曆數之紀推步占驗必求以合乎天故曰協用五紀皇者君之稱極者極至之義標準之名位乎中而四方所取則也故居人君之位者由一身而至萬事莫不盡至而後可以爲民之極

建者立之於此而形之於彼之謂故曰建用皇極至於正直剛柔之施又必視時之治否因俗之强弱君當攬權無使威福之移于下臣當循法無使顓恣而借乎上爲治之道無越乎此故曰乂用三德國有大事必先詳慮於己而後謀之於人人不能决則又諏之卜筮以决之於天天人相參事無過舉所以保其極而不失也故曰明用稽疑五事之得失極之所以建不建也然何從而驗之觀諸天而已雨暘燠寒風皆以其時則建極之驗也五者常而無節則不極之

念字嚮字俱徼

驗也天人相應若影響然人君所當念念而致察也故曰念用庶徵皇極建則舉世之人皆被其澤而五福應之故堯舜之民無不仁且壽者此人君之所當嚮慕也故曰嚮用五福皇極不建則舉世之人皆蒙其禍而六極隨之故桀紂之民無不鄙且夭者此人君之所當畏懼也故曰威用六極洪範九疇六十有五字爾而天道人事無不該焉原其本皆自人君一身始此武王之問箕子之言所以爲萬世著龜也

禮踐阼篇篇名 大戴禮 武王踐阼三日阼者君之階故人君即位謂之踐阼

召師尚父而問焉。（即太公望）曰。黃帝顓帝之道存乎。曰。在丹書。王欲聞之則齋矣。齋三日。王端冕。師尚父亦端冕奉書而入。王東面而立。師尚父西面道書之言。曰。敬勝怠者吉。怠勝敬者滅。義勝欲者從。欲勝義者凶。凡事不强則枉。弗敬則不正。枉者滅。廢敬者萬世。王聞書之言。惕若恐懼。而爲戒書。於席之四端爲銘焉。於几。於鑑。於盥槃。於楹。於杖。於帶。於履屨。於觴豆。於戶牖。於劍。弓。矛。爲銘焉。

臣按武王之始克商也。訪洪範於箕子。其始踐阼也。又訪丹書於太公。可謂急於聞道者矣。而太公望所告不出敬與義之二者蓋敬則萬善俱立怠則萬善俱廢義則理爲之主欲則物爲之主吉凶存亡之所由分上古聖人已致謹於此矣武王聞之惕若戒懼而銘之器物以自警焉蓋恐斯須不存而怠與欲得乘其隙也其後孔子贊易於坤之六二曰敬以直內義以方外先儒釋之曰敬立而內直義形而外方蓋敬則此心無私邪之累內之所以直也義則事事物物各當其分外之所以方也自黃帝而武王自武王而孔子其皆一道歟

以上叙堯舜禹湯文武之學。或謂堯舜而下。皆生知之聖。今以學言。何哉。蓋生而可知者。義理之源爾。若夫治己治人之法。固不能無待於學也。傳稱堯舜禹湯莫不有師。攷之論語。則信而好古者。孔子之所自許也。學之不講者。孔子之所嘗憂也。又曰。我非生而知之者。好古敏以求之也。又曰。十室之邑。必有忠信不如丘之好學也。則雖生知之聖。未有不從事于學者。然自商以前。未有學之名。觀書所載。數聖人之心傳面命。與君臣之間胥訓胥告者。無非學也。願治之主誠即其全書而熟復之。則千載聖學之源流。將瞭然於胸中。彊勉力行。二帝三王之盛。可以企及也。今特撮其大要著之於篇。以見學者有本云。

延寶甲寅三月四日一見了

大學衍義卷之二 終

大學衍義
三之七

大學衍義卷之三

宋 學士 眞德秀 彙輯
明 史官 陳仁錫 評閱

帝王爲學之本

商高宗周成王之學

書說命商書篇名說傅說也築于傅巖之野高宗夢得之立之爲相作說命三篇王曰來汝說台小子舊學于甘盤台予也小子高宗謙稱也甘盤商賢臣旣乃遯于荒野入宅于河自河徂亳暨厥終罔顯遯隱也徂往也河亳皆地名暨及也罔無也顯明也爾惟訓于朕志訓教也若作酒醴爾惟麴糵若作和羹爾惟鹽梅爾交修予罔予棄予惟

此四字是君父實學宰相盡職處

克邁乃訓（邁行也乃汝也）說曰王人求多聞時惟建事（建立也）學于古訓乃有獲（獲得也）事不師古（師法也）以克永世（克能也永長也）匪說攸聞（匪非也）惟學遜志務時敏（遜謙抑也務專也敏速也）厥脩乃來允懷于茲（允信也懷念也茲此也）道積于厥躬（積聚也厥其也躬身也）惟斆學半（斆教也）念終始典于學（典常也）厥德脩罔覺（罔無也覺猶知也）監于先王成憲（監視也先王謂成湯憲法也）其永無愆（永長也愆過也）惟說式克欽承（式用也克能也欽敬也承奉也）旁招俊乂（旁廣也俊賢也乂謂有治人之才也）列于庶位（庶衆也位職也）

臣按高宗之爲太子也學于甘盤學未大成而甘盤遯歸荒野自河而亳不知所終高宗自失

甘盤茫然無所於學既得傅說遂命之以續甘盤之業爾惟訓于朕志者望說以格心之事也酒非麴糵不成羹非鹽梅不和人君非賢者脩輔無以進其德汝交修我而無棄我我能行汝之教高宗之望於說者如彼其切說其可忘言乎王人所以求多聞者是惟立事而已學必施於事然後爲有用之學不然則所聞雖多果何爲哉古訓者古先聖王之訓若書之典謨是也學必求之古訓然後有得若讀非聖之書其何益乎獲者得之于已也學必自得然後爲功不

然則道自道，我自我，猶未嘗學也。人君行事，當以古人爲師。若自任己意，不師古昔，而能長治久安者，無是理也。于是又言爲學之要，惟在遜志、時敏。遜志者，卑遜其心，雖有如未嘗有也。時敏者，進修及時，日新而又新也。凡人之害于學者，驕與怠而已。驕則志盈，善不可入；怠則志惰，功不可進。遜則不驕，敏則不怠，所修之道自將源源而來，如井之泉，愈汲愈有矣。夫人孰不知此？然體之不誠，則雖得易失。惟信之深、念之篤，然後道積于厥躬。積，猶積善之積。今日造一理，明日又造一理今日進一善明日又進一善持久不替則道積于身身卽道道卽身渾然無間矣於是又言斆之與學各居其半我之所教僅能半之高宗於此尤當自力必也一念終始常在於學無少間斷然後德之所修有不知其然而然者曰終始不曰始終者學無止法也上言道之積下言德之修者以理言之是謂道以所得言之是謂德非有二也說論爲學之方至矣猶慮高宗未知所法則又勉之以成湯爲法成湯旣盛矣德猶恐其有愆過必改而不吝儻能

視其成法，安得有愆？君德既修，然後大臣可舉其職，招賢能以列庶位，説其敢不敬承乎？學之一字，前此未經見也。高宗與説始言之，遂開萬古聖學之源，其功亦大矣哉！

敬之敬之，羣臣進戒成王之詩。維予小子，不聽敬止。日就月將，就，成也；將，大也。學有緝熙于光明。緝，續也；熙，廣也。佛時仔肩，佛音弼，輔也；時，是也；仔，任也；肩，負也。示我顯德行。

臣按：成王即政之初，群臣進戒，首以敬之敬之爲言。成王則謂予小子不聽而未能敬，方期日有所就，月有所進，其道何由？惟學而已。蓋學則

以學力去闇晦

有緝熙光明之功凡人之性本自光明大學所謂明德是也惟其學力弗繼是以本然之光明日以闇晦今當從事於學猶婦功之績接續而不已以廣吾本性之光明然輔弼吾使能當此負任則群臣之責也願示我以顯明之德行使曉然知用力之方此成王慮學之難進故望于群臣者如此德者行之本行者德之發成王之學惟欲充其性之光明進其身之德行豈後世務外者比哉

以上敘商高宗周成王之學

臣按二君初非聖人之資惟其知學之本故能克己蹈道卒爲商周令王後世未有及之者學之有功於人如此哉

帝王爲學之本

漢高文武宣之學

漢高帝初定天下太中大夫陸賈時時前稱說詩書帝曰乃公居馬上得之（乃公帝自稱也）安事詩書賈曰馬上得之寧可以馬上治之乎文武竝用長久之術也鄉使秦已并天下修仁義法先聖陛下安得而有之帝有慙色謂賈曰試爲我著秦所以失天下吾所以得

以此責賈將誼絳灌何地是以論人宜恕

之者及古成敗之國賈乃祖述存亡之證凡著十二篇每奏一篇帝未嘗不稱善稱其書曰新語

先儒胡宏曰賈之對宜曰陛下之得天下非專馬上之力也蓋陛下本以寬大長者受懷王入關之命爲天下除殘賊所過亡鹵掠赦秦降王子嬰財物無所取婦女無所幸約法三章父老唯恐陛下不爲秦王庶幾三代得天下之仁項王負約王陛下於蜀漢陛下忍而就國用蕭何爲相養其民以致賢人收用巴蜀還定三秦項羽賊殺義帝陛下舉軍縞素告諸侯而伐之庶幾三代取天下之義

不齷齪自用多大略得英雄心師張良任陳平將韓信庶幾堯舜禹湯文武知人之明鎮撫百姓下令軍士不幸死者更爲衣衾棺斂轉送其家庶幾堯舜禹湯文武哀鰥寡恤孤獨之政此數者陛下所以得天下也今天下已定願陛下退叔孫通聘魯二生使與張良四皓及如臣者共論所以承三代之宜定一代大典以幸天下以詔萬世使陸賈有是對而漢祖用其言則必六宮有制適庶有辨教養子弟有法后夫人嬪婦各得其所矣又安有戚夫人爲人彘趙王如意淮陽王友梁王恢之皆

封建可以禦匈奴否

不得其死哉又安有審食其瀆亂宮闈之醜而呂氏至于族滅後世世有外戚之禍哉則必制國有法荆王賈楚王交代王喜齊王肥不封數十縣而伏羲神農黃帝堯舜禹湯文武及皐陶伊傅周呂之裔得血食矣則必體貌大臣蕭相國不繫獄縣布陳豨盧綰韓王信不皆叛矣則必不襲秦故尊君抑臣而朝廷之上制禮以道謙尊而光乾剛不亢臣道上行致天地於交泰而大臣可以託天下委六尺之孤矣則必封建諸侯藩垣屛翰根深蒂固難于傾拔可以正中國四夷之分不至畏匈奴

與之和親而手足倒置矣則必復井田之制不致後世三十稅一近於貊道富者田連阡陌僭擬公侯而貧民窮若失職矣則必待御僕從罔匪正人有疾病不枕宦者臥臨棄天下公卿大夫受顧命婦寺不得與而大正其終矣

臣按胡宏之論深中當時之失蓋賈誼雖有修仁義法先聖之言而其所陳不過秦漢間事安能舉其君於帝王之隆哉此宏之所以深惜也

漢文帝時賈誼爲長沙王傅歲餘文帝思誼徵之徵召也至入見上方受釐坐宣室釐福也宣室殿名上因感鬼神

事而問鬼神之本誼具道所以然之故至夜半文帝前席古者君臣皆席地而坐故坐久相親則前席。既罷曰吾久不見賈生自以爲過之今不及也

臣按文帝之問賈誼及於鬼神之本鬼神者何陰陽造化之謂也帝之問及此其有意窮理之學乎誼具道所以然之故帝爲之前席其必深有感于心矣惜史氏之不載也然鬼神之事至難言也在孔門惟季路問事鬼宰我問鬼神其他門人高第大抵問仁問孝問政而已蓋幽明二致而其理一原知仁義則知陰陽能盡性則

能至命誼之對亦嘗及此否邪厥後新垣平以詭詐進帝爲之惑是未嘗知鬼神之情狀也帝有窮理之心而誼無造理之學故君德成就終有媿于古吁可惜哉

武帝即位舉賢良文學之士制曰朕欲聞大道之要至論之極董仲舒對曰彊勉學問則聞見博而知益明彊勉行道則德日起而大有功

臣按彊勉學問者致知之事也彊勉行道者力行之事也中庸曰博學之審問之謹思之明辨之篤行之學問思辨皆求以知之篤行則所以

行之也。又曰。人一能之。己百之。人十能之。己千之者。彊勉之謂也。仲舒之學。蓋有見于此。而帝不能用也。惜哉。

又曰。曾子曰。尊其所聞則高明矣。行其所知則光大矣。高明光大不在乎他。在乎加之意而已。願陛下設誠于內而致行之。則三王何異哉。

臣按。武帝之於道。徒聞而不尊。徒知而不行。此其受病之本。故仲舒箴之。高明以智識言。光大以事業言。古之聖王。有所聞則必尊。不徒聞而已也。有所知則必行。不徒知而已也。故充其智

益動而巽日進無疆非知易者不能爲此

識則高明見諸事業則光大由其有求道之誠故也使帝能用其言設誠於內而致行之不徒爲聞道之名要必有履道之實則其所至詎可涯也哉。

又曰堯發乎諸侯舜興乎深山非一日而顯也蓋有漸以致之言出於己不可塞也行發于身不可掩也言行君子之所以動天地故盡小者大謹微者著詩云惟此文王小心翼翼故堯兢兢日行其道而舜業業日致其孝善積而名顯德章而身尊積善在身猶日長加益而人不知也積惡在身猶火銷膏而人不

見也。

臣按西漢儒者惟一仲舒其學純乎孔孟其告君亦必以堯舜蓋自七篇之後未有及此者使帝置仲舒於左右承弼之地必能以二帝三王之道曰陳於前繩愆糾繆格其非心安得有極意奢淫之失窮兵夷狄之禍又安得惑邪臣之譖輿巫蠱之獄而致父子隔絕闕庭流血之變哉故剟三策之言尤切者著于此以見武帝雖有志于學而實不知所以學爲可惜也。

（似不必又述荀卿揚雄矣舒一人亦所不能但因之而勇招俊又同心格君庶可幾也）

倪寬見武帝語經學上曰吾始以尚書爲樸學弗好

及聞寬語可觀乃從寬問一篇

臣按典謨訓誥誓命之文凡百篇皆人主之軌範也武帝初以爲樸學弗好既失之矣及聞寬說可觀又止從問一篇則是其弗好如故也然聖經之蘊無窮隨其所入皆必有獲百篇之書無所不備使帝於其一篇果嘗深玩而服膺焉修已治人亦有餘用而帝之行事未見有一與書合者是亦徒問而已果何益哉

武帝詔求能爲韓嬰詩者徵蔡義上召見說詩甚悅之擢爲光祿大夫給事中進授昭帝

臣按武帝悅蔡義說詩旣引以自近又使授其
子意亦美矣然不知義之講說其果能有得詩
人之指耶夫詩三百以關雎爲首重風化之源
也而武帝之衛后以謳者進李夫人以倡進尤
本如此他可知矣故窮奢極欲則非騖驁之義
重賦橫斂則昧碩鼠之戒以天旱爲乾封安有
雲漢之恐懼用讒言殺太子不監靑蠅之罔極
孔子曰誦詩三百不達于政雖多亦奚以爲武
帝近之矣

宣帝高才好學年十八師受詩論語孝經

知本之言

宜用修正之人則達於時宜又與元康詔書合

元康元年詔曰朕不明六藝謂詩書禮樂易春秋也鬱于大道鬱不明也大道謂先王之道是以陰陽風雨未時其博舉吏民厥身修正通文學明於先王之術宣究其意者二人宣通也究窮也

孝元帝爲太子柔仁好儒見上所用多文法吏以刑名繩下刑謂刑法名謂名家者流考核名實者也繩束也嘗侍燕從容言陛下持刑太深宜用儒生帝作色曰漢家自有制度本以霸王道雜之奈何純任德教用周政乎且俗儒不達時宜好是古非今使人眩於名實不知所守何足委任乃歎曰亂我家者太子也

臣按宣帝之詔以陰陽風雨之未時由其不明六藝闇於大道葢人君不明經不知道則無以正心而修身一念之不純一動之失中皆足以奸陰陽之和故洪範以雨暘燠寒風之時爲肅乂哲謀聖之應五者之不時爲狂僭豫急蒙之應人主之一心與天地相爲流通而善惡吉凶之符甚于影響葢如此後世人主鮮或知者而帝獨知之可謂卓然有見矣然其所舉吏民之厥身修正通文學明先王之術者乃寂無聞焉夫正身明道之士誠世之所鮮有使帝果以誠

求之豈無一二近似者由為帝用臾攷當時惟一王吉粗欲建萬世之長策而舉明主於三代之隆帝已視為迂濶矣使子思孟子生乎其時皇皇於仁義而不汲汲于功利其與帝枘鑿將有甚焉者然則正身明道之士竊見此指其肯輕為帝出哉夫以德行仁者王以力假仁者霸其為道若白黑之異色清濁之異流不可雜也雜則黑與濁者終勝矣帝乃以霸王道雜為漢家之制度可乎且帝嘗受論語矣語曰道之以政齊之以刑民免而無耻道之以德齊之以禮

有耻且格又曰子為政焉用殺則夫子之意正欲人君純任德教也又嘗立書春秋于學官矣孔子定書紀文武成康之政為後世法而春秋尊王道黜覇術是夫子之意正欲人君純用周政也帝乃曰德教不可任周政不可用則是論語不必受書春秋不必立也俗儒是古非今固不足用獨不當求眞儒而用之乎以俗儒不達時宜而并儒之通世務者棄之是因噎而廢食也以高材好學之君而擇術如此是以厲精為政雖能致一時之治而刑餘周召法律詩書卒

不免基後來之禍惜哉。

以上叙漢高文武宣之學。

大學衍義卷之三　終

甲寅三月二十一日一見

朴學士

大學衍義卷之四

宋　學士　眞德秀　彙輯

明　史官　陳仁錫　評閱

帝王爲學之本

漢光武明帝唐三宗之學

光武受尚書通大義（東觀記云受尚書於廬江許子威大義略舉因學世事）召桓榮入說甚善之每朝會輒令榮敷奏經義帝稱善帝每日視朝日仄乃罷數引公卿郎將講論經理夜分乃寐皇太子見帝勤勞不怠承間諫曰陛下有禹湯之明而失黃老養性之福願頤愛精神優游自寧

其來脉遠矣

帝曰我自樂此不爲疲也。太子顯宗也。

臣按光武早爲儒生及即位孜孜經術又如此宜其光復舊物身致升平視少康周宣蓋庶幾焉惜其時儒臣作輔如伏湛侯霸輩皆章句書生未明乎古人格心之業故在位三十餘年雖鮮有過事而以無罪廢正后易太子則有媿刑家之義以直諫殺大臣則有乖從諫如流之美蓋其所學未至於明善誠身之地故於父子夫婦君臣之際不能無可憾者焉聖學不明雖有不世之資如光武者迄不能追帝王之盛然則

人主之於務學其可苟也哉。

顯宗孝明帝。十歲通春秋。光武奇之。既爲皇太子。師事博士桓榮。學通尚書。及卽位。尊以師禮。乘輿常幸太常府。令榮坐東面。設几杖。會百官及榮門生數百人。天子親自執業。每言輒曰太師在是。既罷。悉以太官供具賜之。後三雍成。三雍謂明堂、靈臺、辟雍。拜榮爲五更。五更謂耆老而更事者。每大射養老禮畢。帝輒引榮及弟子升堂。執經自爲下說。謂下語而講說也。詔曰。三老李躬。年耆學明。五更桓榮。授朕尚書。詩曰。無德不報。無言不酬。其賜榮爵關內侯。

臣按先儒胡寅以爲顯宗事師之意百千年鮮有其儷可謂人主之高致惜乎桓榮授經專門章句不知仲尼脩身治天下之微旨故其君之德業如是而止斯言當矣抑臣竊謂學者所以治性情者也故先漢名儒匡衡有言治性之道必審己之所有餘而强其所不足故聰明疏通者戒於太察寡聞少見者戒於壅蔽勇猛剛强者戒於太暴仁愛溫良者戒於無斷湛靜安舒者戒於後時廣心浩大者戒於遺忘若顯宗者豈無所當戒者乎傳稱帝性褊察好以耳目隱

以寬以恭
關內侯且
苴遂謝

發爲明公卿大臣數被詆毀近臣尚書至見提曳帝嘗受書於師矣書之稱堯曰允恭稱舜曰溫恭稱文王曰徽柔懿恭是皆以恭爲貴也曰御衆以寬又曰寬綽厥心是又以寬爲貴也帝於二者兩皆失之旣無容人之度又失遇下之禮然則又何貴於學乎先儒有言未讀是書猶是人也旣讀是書亦猶是人也則爲不善讀矣其殆顯宗之謂邪

肅宗孝章帝少寬容好儒術其爲太子也受學於張酺元和二年東巡幸酺爲東郡太守帝幸東郡引酺及

門生掾吏會庭中先備弟子之儀使酺講尚書一篇然後脩君臣之禮。

臣按章帝尊經事師之意不媿前人又能戒顯宗之苛切事從寬厚奉母后以孝遇同姓以恩惠養元元除去苛法後之議者以長者稱雖其天資之美亦其學之力也惜其時師臣如張酺者雖質直守義數有諫正然其所學不過章句之業况又以嚴見憚不得久在左右故所以輔成德美者如是而止考之本紀在位僅十有三年而年止三十有三豈無逸之戒亦或有所忽

章句之累人如此而累人主尤甚

擇人為急

邪。惜哉。

唐太宗身屬櫜鞬風纚露沐然銳情經術即王府開文學館召名儒十八人為學士與議天下事既即位殿左置弘文館悉引內學士番宿更休聽朝之間則與討古今道前王所以成敗或日昃夜艾未嘗少怠

臣按後世人主之好學者莫如唐太宗當戰攻未息之餘已留情于經術召名儒為學士以講摩之此三代以下所無也既即位置弘文館於殿之側引內學士番宿更休聽朝之暇與討古今論成敗或日昃夜艾未嘗少怠此又三代以

下之所無也故陸贄舉之以告德宗謂言及稼穡艱難則務遵節儉言及閭閻疾苦則議息征徭此所以致貞觀之治也

我朝
列聖盛時妙選名儒環侍
經幄邇英崇政延訪從容夜直禁中不時召對所以緝熙
聖學開廣聰其與
貞觀實同一揆夫晝訪足矣又必加以夜對何也人主一心攻者甚衆惟聲與色尤易溺人晝日便朝薦紳儼列昌言正論輻湊于前則其保

守也易深宮暮夜所接者非貂璫之輩即嬪御之徒紛華盛麗雜然眩目奇技淫巧皆足蕩心故其持養也難此夜對之益所以尤深於晝訪與

聖明在上儻有志於帝王之事業則貞觀之規摹與我

祖宗之家法不可以不復

太宗嘗謂侍臣曰梁武帝惟談苦空元帝爲周師所圍猶講老子此深足爲戒朕所好者惟堯舜周孔之道如鳥之有翼魚之有水不可暫無耳

臣按太宗深鑒蕭梁之失不取老釋二氏而惟堯舜周孔之道是好可謂知所擇矣然終身所行未能無媿者以其嗜學雖篤所講者不過前代之得失而於三聖傳授之微指六經致治之成法未之有聞其所親者雖或一時名儒而奸諛小人亦厠其列安得有佛時仔肩之益故名爲希慕前聖而於道實無得焉其亦可憾也夫

太宗嘗曰人主惟有一心而攻之者甚衆或以勇力或以辨口或以諂諛或以姦詐或以嗜欲輻輳攻之各求自售人主少懈而受其一則危亡隨之此其所

以難也。

臣按秦漢以後號爲賢主脩身寡過則或有之其知從事於此心懼奸佞之乘其隙則未有如太宗者惟其中有所主故封德彝宇文士及權萬紀之徒皆不得而惑然數者均爲易入而嗜欲又其最焉古先聖王惟此之畏故朋淫于家益之所以戒舜也無皇耽樂周公之所以戒成王也太宗能嚴奸佞之防而未能脫嗜欲之穽閨門之內既多慙德而武才人狐媚之惑卒基異時移鼎祚翦宗支之禍焉蓋由天資之高有

以知夫衆攻之原，而學力之淺，卒無以勝其戕甚之害，故智及之，仁不能守之也。近世儒生有爲心箴者，曰：茫茫堪輿，俯仰無垠。人於其間，眇然有身。是身之微，太倉稊米。參爲三才，曰惟心耳。往古來今，孰無此心。心爲形役，乃獸乃禽。惟口耳目，手足動靜，投間抵隙，爲厥心病。一心之微，衆欲攻之，其與存者，嗚呼幾希。君子存誠，克念克敬，天君泰然，百體從令。箴雖常言，然深切於正心之學，故録焉。

玄宗明皇帝開元中，謂宰相曰：朕每讀書有所凝滯，無從質問可選儒學之士使入內侍讀盧懷慎薦太常卿馬懷素乃以懷素爲左散騎常侍與褚無量更日侍讀每至閤門令乘肩輿以進或在別館道遠聽於宮中乘馬親送迎之待以師傅之禮

開元中置麗正書院聚文學之士或修書或侍講以張說爲修書使以總之有司供給優厚中書舍人陸堅以爲無益於國徒爲糜費欲奏罷之張說曰自古帝王于國家無事之時莫不崇宮室廣聲色今天子獨延禮文儒發揮典籍所益者大所損者微陸子之言何不達也帝聞之重說而薄堅

臣按明皇初政好學右文其盛如此可謂美矣使當時得一眞儒在輔導弼諧之地日以堯舜三王之道六經孔孟之言陳之於前必格物以致其知則於是非邪正之辨瞭然不惑而張九齡李林甫之忠邪不至于用舍倒置矣必誠意以正其心則於聲色貨利之誘確乎不移而惠妃太眞之蠱媚王珙宇文融之聚斂不得進矣必脩身以正其家則於父子夫婦之倫朝廷宮寢之政各盡其道安得有信讒廢殺三子之禍又安得有祿山瀆亂宮闈之醜哉奈何張說之

流不過以文墨進無量懷素亦不過章句儒帝雖有志于學而所以講明啓沃者僅如此是以文物之盛雖極於開元而帝心已溺於燕安女子小人内外交煽根本日蠹欲其亡禍亂得乎故人君之學苟不知以聖王爲師以身心爲主未見其有益也

憲宗留意典墳每覽前代興亡得失之事皆三復其言文讀貞觀開元實錄見太宗撰金鏡書及帝範玄宗撰開元訓誡帝遂採尚書春秋史漢等書君臣行事可爲龜鑑者集成十四篇曰君臣道合曰辨邪正

曰戒權倖曰戒微行曰任賢臣曰納忠諫曰愼征伐曰重刑法曰去奢泰曰崇節儉曰奬忠直曰脩德政曰諫畋獵曰錄勳賢分爲上下卷且曰前代君臣事迹以其書寫於屛風列之座右

臣按憲宗玩意經籍集其事以爲龜鑑用意美矣然平蔡之後驕侈遽形裴度以忠直見疏李逢吉以讒諂用皇甫鎛程异以羨餘進是邪正未嘗辨賢臣未嘗任也忠諫未嘗納勳賢未嘗錄也土木興則反於節儉聚斂行則乖於德政凡所謂十有四條無一不悖戾者其故何哉葢

居中而制萬事者心也古先聖王必於此乎用力故一心正而萬事莫不正憲宗知監前代成敗之迹而不知古人大學之源藩鎮未平猶能勉强策勵一旦奏功侈然自肆屏幃雖在志慮已移視之爲虛器矣由其心之不治故也當時群臣獨一裴垍能進正心之說而心之所以正者亦莫之及焉徒舉其綱而不告以用力之地是猶教人以克己復禮而不語以視聽言動之目其能有益乎故爲人臣而不知大學未有能引其君以當道者。

以上叙漢光武明帝唐三宗之學

帝王爲學之本

漢魏陳隋唐數君之學

漢元帝多材藝善史書鼓琴瑟吹洞簫自度曲被歌聲分刌（音忖）節度窮極幼眇少而好儒及即位徵用儒生委之以政貢薛韋康迭爲宰相而上牽制文義優游不斷孝宣之業衰焉

臣按人君之學不過修己治人而已元帝於此二者未嘗致意而所好者筆札音律之事縱使極其精妙不過胥吏之小能工瞽之末伎是豈

人君之大道哉昔顏淵問爲邦夫子以放鄭聲語之今帝之所好者吹洞簫自度曲正所謂鄭聲也先儒謂其音悲哀能令人意思流連怠惰驕淫皆從此出元帝之資本非剛明者又重之以此好則其志氣頹靡日以益甚安有振迅興起之理宜其牽制文義優游不斷卒基漢室之禍也

魏文帝（魏武曹操之子）雖在軍旅手不釋卷少誦詩論及長備歷五經史漢諸子百家之言靡不畢覽所著書論詩賦凡六十篇　史臣陳壽曰文帝天資文藻下筆

成章博問彊識才藝兼該若加之曠大之度勵以公平之識邁志存道克廣德心則古之賢主何遠之有

臣按文帝之爲太子也與一時文士若王粲阮瑀諸人游號建安七子帝及粲等所爲文章至今具在其藻麗華美則誠有之揆諸風雅典誥則罪人也夫曠大之度公平之誠邁志存道克廣德心此皆人君所當勉者而帝也爲嗣則喜見顏色居喪則燕樂不衰薄同氣之恩殺無寵之配以玩好而求遠物以私憾而僇諫官是於所當勉者不知勉矣書論詩賦文士之末技爾

非人君所當務也而乃侈然自衒謂莫已若識度如此其爲史氏所譏宜哉。

後魏王珪問博士李先曰天下何物可以益人神智。對曰莫若書籍珪曰書籍有幾如何可集對曰自書契以來世有滋益至今不可勝計苟人主所好何憂不集珪遂命郡縣大索書籍悉送平城。

臣按大學之道以致知爲首正欲開聰明而發智識也魏珪夷狄之君初未嘗學而有益人神智之問可謂切問矣李先莫如書籍之對亦可謂善對矣然則書契以來世有滋益人主所好

何憂不集則失之甚也夫古今之書籍雖多其切于君德治道者六經而已爾論孟而已爾六經之大義人君皆所當聞然一日萬幾無徧讀博通之理苟頴精其一二而兼致力於論孟大學中庸之書閒命儒臣敷陳歷代之得失則其開聰明而發智識者亦豈少哉惜乎李先凡陋之儒智不及此徒使魏王以聚書爲美而無得於書求神仙濫刑戮溺聲色卒以無道殞其身是雖圖書山積果何益於萬一哉

唐文宗性儉素聽朝之暇惟以書史自娛聲樂游畋

此天在山中所以爲太高高乎天也何天之衢是人主吉凶

未嘗留意。

臣按文宗可謂好學之君矣。而卒無救于禍敗者。易曰。君子多識前言往行以畜其德。使文宗而知此義。則玩乾健以養其剛。體離麗以養其明。既剛且明。則於威福之權必能別白。何至柔懦不立。聽用匪人。使閹寺之勢益張。甘心以赧獻自比。其於書也了無毫分之得。正坐以之自娛故耳。夫好書而以之資空談。鎖永日。鮮有不爲文宗者。

後漢靈帝好文學。自造皇羲爲五十章。因引諸生能爲文賦者並待制鴻都門下後諸爲尺牘及工書鳥篆者皆加引召遂至數十人侍中祭酒樂松賈護多引無行趣埶之徒置其間憙陳閭里小事帝甚悦之待以不次之位

臣按詞賦小技揚雄比之雕蟲篆刻壯夫且耻爲之况人主乎賦猶無用况書篆末藝乎靈帝名爲好學而所取乃爾夫人主不可輕有所好所好一形羣下必有伺其意指者故雖文賦書篆亦爲小人媒進之階况它乎惟游心經術恬澹寡欲則奸邪無得而窺靈帝昏亂之君無足

論者特以爲來世之鑑云

陳後主叔寶以宮人有文學者爲女學士僕射江摠雖爲宰輔不親政務日與尚書孔範等十餘人侍上遊宴後庭謂之狎客上每飲酒使諸妃嬪及女學士與狎客共賦詩互相贈答采其尤豔麗者被以新聲羣臣酣歌自夕達旦日以爲常其後隋伐陳獲叔寶以歸從隋文帝飲賦詩及出帝目之曰以作詩之功何如思安時事乎

隋煬帝善屬文不欲人出其右薛道衡死帝曰能更作空梁落燕泥否王冑死帝誦其佳句曰庭艸無人

此漢文不如其臣有三代之遺意也

隨意綠復能作此語邪自負才學每驕天下之士嘗謂侍臣曰天下皆謂朕承藉緒餘而有四海設令朕與士大夫高選亦當爲天子矣

臣按陳隋二君號爲工於詞藝者一則因是而君臣相狎一則因是而君臣爭勝卒底亂亡然則帝王之於詞章皆非所當作乎曰虞帝勑天之歌大禹朽索之訓成湯宮刑之制雖非有意於爲文而炳炳琅琅垂耀千古此人君所當法也若大風之安不忘危猶可見英主之遠慮金鏡之任賢去不肖亦足以昭示子孫撲之帝王

抑其次也若夫雕鏤組織與文士爭一日之長固可羞已況於淫褻猥陋如陳隋之君乎臣故著此以爲人主溺心詞藝者之戒

以上叙漢魏陳隋唐數君之學

大學衍義卷之四　終

大學衍義卷之五

宋 學士 眞德秀 彙輯

明 史官 陳仁錫 評閱

格物致知之要一

明道術

天理人心之善

湯誥（商書篇名成湯作此以告萬方）曰惟皇上帝降衷于下民（皇大也上帝卽天也降下也）若有恒性（若順也恒常也）克綏厥猷惟后（克能也綏安也厥其也猷道也后君也）

臣按成湯此言可謂知君師之職矣蓋天能與

人以至善之性而不能使之全其性能使人全其性者君師之任也漢儒以衷爲善臣謂衷卽中也天之生民莫不各賦之以仁義禮智之德渾然於中無所偏倚是所謂衷也自天所降而言則謂之衷自人所受而言則謂之性非有二也然天之降於人者初無智愚之間而人之受於天者淸濁純駁隨其所稟有不同焉必賴君師之作順其有常之性而開廸之舜之徽五典周之教六德六行皆其事也性本至善因而教焉是之謂順若其本惡而强教以善則是逆之

而非順之也。觀若之一言。則人性之善可知矣。猷者道也。道即性也。以體而言則曰性。以用而言則曰道。其實一也。順其性。使安其道。非君不能。何謂安。父安於慈。子安於孝。知其自然而不可易。與其當然而不容已。然後爲安。成湯有天下之初。即以此自任。臣故曰可謂知君師之職也。厥後秉彝受中之言。相繼而發。至於孔孟。性善之理益明。而開萬世性學之源。則自成湯始。

嗚呼。聖哉。

詩。烝民。尹吉甫作此美周宣王。曰。天生烝民。烝衆也。有物有則。則法也。

民之秉彝。秉。執也。彝。常也。好是懿德。懿。美也。

臣按易曰。形而上者謂之道。形而下者謂之器。道者理也。器者物也。精粗之辨固不同矣。然理未嘗離乎物之中。知此則知有物有則之說矣。蓋盈乎天地之間者。莫非物。而人亦物也。事亦物也。有此物則具此理。是所謂則也。以人言之。如目之視。耳之聽。物也。視之明。聽之聰。乃則也。君臣父子夫婦長幼。物也。而君之仁。臣之敬。子之孝。父之慈。夫婦之別。長幼之序。乃則也。則者準則之謂。一定而不可易也。古人謂規矩準繩衡爲五則者以其方圓平直輕重皆天然一定之法故也夫物之所以有是則者天實爲之人但循其則爾如視本明視而不明是失其則也聽本聰聽而不聰是失其則也君當仁君而不仁是失其則也臣當敬臣而不敬是失其則也然此一事之則爾若爲人而不能全乎爲人之理是失其所以爲人之則而非人矣彝而言秉何也渾然一理具於吾心不可移奪若秉執然惟其有此故於美德無不知好者仁義忠孝所謂美德也人無賢愚莫不好之不仁不義不忠

不孝所謂惡德也。人無賢愚莫不惡之觀乎此則知性之善矣。當更合後章孟子之言觀之。

劉康公曰民受天地之中以生所謂命也

臣按劉子之所謂中即成湯之所謂衷葢天地自然之理而人得之以生者是所謂天命之性也。

易曰。一陰一陽之謂道繼之者善也成之者性也。

成之者是人倣自成自道皆然

臣按程頤曰陰陽氣也所以陰陽者道也朱熹亦曰陰陽迭運者氣也而其理則所謂道葢陰陽二氣流行於天地之間來往循環終古不息

八字註精

此孔子解易第一義乾在人非在天

是孰使之然哉理也理之與氣未嘗相離繼而出莫非至善成之在人則曰性焉理無不善性豈有不善哉性善之理然至孟子而益明然其源實出乎此

乾文言（孔子所作）曰元者善之長也（元大也始也）亨者嘉之會也（亨通也嘉美也）利者義之和也（利宜也）貞者事之幹也（貞正固也）君子體仁足以長人嘉會足以合禮利物足以和義貞固足以幹事君子行此四德者故曰乾元亨利貞

朱熹曰元者生物之始天地之德莫先乎此故於時爲春於仁則爲仁而衆善之長也亨者生物之

萬物皆備冬也樂莫大於冬冬而春萬古長春矣

通物至於此莫不嘉美故於時爲夏於人則爲禮而衆美之會也秋者生物之遂物各得宜不相妨害故於時爲秋於人則爲義而得其分之和貞者生物之成實理具備隨在各足故於時爲冬在人則爲智而爲衆事之幹幹木之身枝葉所依而立也凡此天德之自然也又曰以仁爲體則無一物不在所愛之中故足以長人嘉其所會則無不合禮使物各得其所利則義無不和貞固者知貞之所在而固守之所謂知而勿去者也故足以爲事之幹凡此人事之當然也又曰乾四德元最重貞

次之。非元無以生。非貞無以終。非終無以爲始。不始則不能成終。如此循環無窮。所謂大明終始也。

又曰。非君子之至健無以行此。故曰乾元亨利貞。

臣按。四德之說。朱熹盡之。世之昧於理者。皆言天與人二。今以此條觀之。則人之與天。未嘗不一也。蓋在天則爲元亨利貞。而在人則爲仁義禮智。元亨利貞。理也。生長收藏。氣也。有是理則有是氣。仁義禮智。性也。惻隱羞惡辭讓是非。情也。有是性則有是情。天人之道。脗合如此。又曷嘗有二邪。然天無心而人有欲。天惟其無心也。

故元而亨亨而利利而貞貞而又元元通復循環未嘗間斷（元亨是發出故曰通利貞是收斂故曰復）於穆之命終古常新人惟其有欲也故惻隱之發而殘忍奪之辭遜之發而貪冒雜之羞惡之發而苟且間之是非之發而昏妄賊之於是乎與天不相似矣學者當知天有此德吾亦有此德屛除私欲保養正性則吾之一身通體皆仁隨觸而應無非惻怛卽天之春生意盎然而物物欣悅也吾之動容周旋莫不中禮三千三百燦然明備卽天之夏生意暢達而物物嘉美也吾之所以利物

者皆合於義即天之秋生意凝實而萬寶得遂其性也吾之所以貞固有守者足以根本萬事即天之冬生意潛藏而造化所由以出也貞固所以爲智者惟知之明故守之固智所以配冬者義發于外而智藏于中也人之與天其果二乎哉而况人君有天之德又居天之位則善端萌動者元也善端發達者亨也推而澤物俾各獲所者利也心既溥物還復寂然者貞也雖一日之頃一念之微四者無乎不在然德雖固有非剛健則不能行夫惟自强不息與天同運人欲不得以間之然後終始萬物與天同

功矣義理之源莫大於此惟

聖明玩心焉

中庸曰天命之謂性率性之謂道脩道之謂教

朱熹曰命猶令也性即理也天以陰陽五行化生萬物氣以成形而理亦賦焉猶命令也於是人物之生因各得其所賦之理以爲健順五常之德所謂性也率循也道猶路也人物各循其性之自然則其日用事物之間莫不各有當行之路是則所謂道也脩品節之也性道雖同而氣稟或異故不能無過不及之差聖人因人物之當行者而品節

之以爲法於天下則謂之教若禮樂刑政是也蓋人之所以爲人道之所以爲道聖人之所以爲教原其所自無一不本於天而備於我學者知之則其於學知所用力而自不能已矣。

臣按人之五常本於天之五行五行運於天而人得之以爲性木仁火禮金義水智土信各有攸本故自昔言性者曰五常而已熹乃益之以健順何邪蓋陽之性健木火屬焉在人則爲仁禮陰之性順金水屬焉在人則爲義智而土則二氣之沖和信亦兼乎健順故周敦頤曰五行

一陰陽也陰陽不在五行之外健順亦豈在五常之外乎

或問中庸首章之義朱熹曰天之所以賦予萬物而不能自已者命也吾之得乎是命以生而莫非全體者性也故以命言之則曰元亨利貞而四時五行庶類萬化莫不由是而出以性言之則曰仁義禮智而四端五典萬物萬事之理莫不統於其間蓋在天在人雖有性命之分而其理則未嘗不一在人在物雖有氣禀之異而其理則未嘗不同

又曰天命之性仁義禮智而已循其仁之性則自

父子之親以至於仁民愛物皆道也循其義之性則自君臣之分以至於敬長尊親亦道也循其禮之性則恭敬辭遜之節文皆道也循其智之性則是非邪正之分別亦道也蓋所謂性者無一理之不具故所謂道者不待外求而無所不備所謂性者無一物之不得故所謂道者不假人爲而無所不周又曰天命之性率性之道皆理之自然而人物之所同得者也人雖得其形氣之正然其清濁厚薄之禀亦有不能不異者是以賢智者或失之過愚不肖者或失之不及而得於此者亦或不能

無失于彼惟聖人之心淸明純粹天理渾然無所虧闕故能因其道之所在而爲之品節防範以立敎於天下使夫過不及者有以取中焉葢有以辨其親疎之殺而使之各盡其情則仁之爲敎立矣有以別其貴賤之等而使之各盡其分則義之爲敎行矣爲之制度文爲使之有以守而不失則禮之爲敎得矣爲之開導禁止使之有以別而不差則智之爲敎明矣然亦未始外乎人之得乎天者强爲之也

臣按子思言天命之性卽湯之所謂降衷其言

率性之道脩道之教即湯之所謂克綏厥猷惟后前聖後賢更相發明如出一口而朱熹之論性曰仁義禮智其論道與教亦必曰仁義禮智其視佛老之學以空寂爲性以虛無爲道管商之徒以刑名功利爲教者孰眞孰妄孰是孰非可不辨而明矣

滕文公爲世子（滕國名文公者定公之世子也）將之楚過宋而見孟子孟子道性善（道言也）言必稱堯舜世子自楚反（反還也）復見孟子孟子曰世子疑吾言乎夫道一而已矣成覸謂齊景公曰（成覸齊人景公齊君）彼丈夫也我丈夫也吾何

畏彼哉。顏淵曰：舜何人也？予何人也？有為者亦若是。顏淵，孔子弟子，名回。公明儀曾子弟子。曰：文王我師也，周公豈欺我哉。今滕絕長補短，將五十里也，猶可以為善國。書曰：若藥不瞑眩，厥疾不瘳。書說命之辭。瞑眩，猶昏憒也。以毒藥攻疾，故昏憒而後愈。瘳，愈也。

程頤曰：性即理也，天下之理，原其所自，未有不善。喜怒哀樂未發，何嘗不善。發而中節，即無往而不善。發不中節，然後為不善。故凡言善惡，皆先善而後惡；言吉凶，皆先吉而後凶；言是非，皆先是而後非。

朱熹曰。性者人所稟於天以生之理也。渾然至善。未嘗有惡。人與堯舜。初無少異。但衆人汨於私欲而失之。堯舜則無私欲之蔽。而能克其性爾。故孟子與世子言。每道性善。而必稱堯舜以實之。欲其知仁義不假外求。聖人可學而至。而不懈於用力也。又曰。時人不知性之本善。而以聖賢爲不可企及。故世子於孟子之言。不能無疑。而復來求見。蓋恐別有卑近易行之說也。孟子知之。故告之曰。夫道一而已矣。以明古今聖愚本同一性。前言已盡。無復他說也。又曰。孟子既告世子以道無二致而復引成覸等三言以明之欲世子篤信力行不當復求異説也又曰滕國雖小猶足爲治但恐安于卑近不能自克則不足以去惡而爲善爾孟子言性始見於此而詳具於告子之篇然默識而旁通之則七篇之中無非此意其所以廣前聖之未發而有功於聖人之門程子之言信矣

臣按性善之説程朱盡之其曰性卽理也乃自昔聖賢之所未言萬世言性之標準也熹謂七篇之中無非此意者如言仁義言四端蓋其大者也至於因齊王之愛牛而勸之以行王政亦

因其性善而引之當道也以此推之他可識矣

孟子曰人皆有不忍人之心先王有不忍人之心斯有不忍人之政以不忍人之心行不忍人之政治天下可運於掌上所以謂人皆有不忍人之心者今人乍見孺子將入於井皆有怵惕惻隱之心怵惕驚動貌惻傷之切也隱痛之深也非所以內交于孺子之父母也內結也非所以要譽于鄉黨朋友也要求也非惡其聲而然也聲名也由是觀之無惻隱之心非人也無羞惡之心非人也羞恥己之不善也惡憎人之不善也無辭讓之心非人也辭解使去己也讓推以與人也無是非之心非人也是知其善而以為是非知其惡而以為非惻隱之

心。仁之端也。羞惡之心。義之端也。辭讓之心。禮之端也。是非之心。智之端也。人之有是四端也。有其有四體也。有是四端而自謂不能者。自賊者也。謂其君不能者。賊其君者也。凡有四端於我者。知皆擴而充之矣。若火之始然。泉之始達。苟能充之。足以保四海。苟不充之。不足以事父母。

朱熹曰。天之生物。各付一性。性非有物。只是渾然一理之在我者耳。故性之所以爲體。亦惟仁義禮智信。五者。天下之理。無出於此五者之中。所謂信者。眞實無妄之理也。仁義禮智。皆眞實無妄。故信

尋着端緒性可盡天下事皆可做

不必言仁義禮智四者於中各有分別不可不辨蓋仁是溫和慈愛之理義是斷制裁割之理禮則恭敬撙節之理智則分別是非之理凡此四者具於人心乃性之本理方其未發漠然無形象之可見及其發而爲用則仁者爲惻隱義者爲羞惡禮者爲恭敬智者爲是非所謂情也四端云者猶有物在中而不可見必因其端緒發見於外然後可得而尋性之理雖無形而端緒之發則可驗故由其惻隱所以必知其有仁由其羞惡所以必知其有義由其恭敬所以必知其有禮由其是非所以

必知其有智使其本無是理於內則何以有是端於外所以有是端於外必知其有是理於內而不可誣也仁義禮智既見得界限分明又須知四者之中仁義是對立門庭蓋仁仁也而禮則仁之著義義也而智則義之藏猶春夏秋冬雖爲四時其實不過一陰一陽而已春夏皆陽之屬秋冬皆陰之屬也故曰立天之道曰陰與陽立地之道曰柔與剛立人之道曰仁與義仁義雖對立而成兩然仁則生生之意貫通周流乎四者之中故仁者仁之本體禮者仁之節文義者仁之斷制智者仁

之分別正如春之生氣貫徹四時春則春之生夏則春之長秋則春之收冬則春之藏故程子曰四德之元猶五常之仁偏言則一事專言則包四者正謂此也自四而兩自兩而一則統之有宗會之有元天地之理固然也

臣按朱熹四端之說蓋先儒所未發至論不忍人之心則曰天地以生物爲心而所生之物因各得天地生物之心以爲心所以謂人皆有不忍人之心也至哉言矣蓋天地造化無他作爲惟以生物爲事觀夫春夏秋冬往古來今生意

流行何嘗一息間斷天地之心於此可見萬物之生既從天地生意中出故物物皆具此理何況人爲最靈宜乎皆有不忍人之心也然人有是心而私欲間斷故不能達之于用惟聖人全體本心私欲不雜故有此仁心便有此仁政自然流出更無壅遏天下雖大運以此仁而有餘矣孟子恐人未能自信也故指發見之眞切者以覺悟之夫孺子未有所知而將入于井乍見之者無間賢愚皆有惻怛傷痛之心方其此心驟發之時非欲以此納交非欲以此于譽又非

以避不仁之名也倉猝之間無安排無矯飾而天機自動此所謂眞心也賦形爲人孰無此心苟無此心則無人矣然所謂無者豈其固然哉私欲蔽塞而失其本眞耳孟子始言惻隱之心至此乃兼羞惡辭讓是非而言者蓋仁爲衆善之長有惻隱則三者從之矣惻隱不存則三者亦何有哉夫四肢人所必有四端亦然而昧者不察自謂不能是賊其身又謂吾君不能是賊其君賊猶賊仁賊義之賊言爲禍害之深也然仁義禮智其分量甚大而端緒甚微苟不推廣

其端則何以充滿其量必也因其發見之微隨加展拓使人欲無所障礙而天理得以流行猶始然之火引之而煌煌始達之泉疏之而浩浩仁義禮智庶幾充滿其本然之量而不可勝用矣苟惟不然天理方萌人欲旋窒是乍然者遽息而方達者隨壅欲愈蔽而端愈微雖有不忍人之心必無不忍人之政矣夫四端在人一也充之則足以保四海不充則不足以事父母是以帝王之治光宅天下丕冒海隅而後之人主或以天下之大而不能以悅其親之心或以邇

郎遜志務時敏之旨

聲色信讒邪而至於黜其配殺其子同此四端也充與不充而已耳此章之要在於識本心之正加推廣之功至于保四海則自然之效驗也四端之論雖首唱於孟子而條貫統紀則至朱熹而大明

聖明優柔玩索而力行之則天下幸甚

告子曰告子名不害孟子弟子也性猶杞柳也義猶桮棬也以人性爲仁義猶以杞柳爲桮棬杞柳二木名桮棬飲器也孟子曰子能順杞柳之性而以爲桮棬乎將戕賊杞柳而後以爲桮棬也戕伐也賊害也如將戕賊杞柳而以爲桮棬則亦

天理人心之善

將戕賊人以爲仁義與率天下之人而禍仁義者必子之言夫率猶驅也

臣按告子之説蓋謂人性本無仁義必用力而强爲若杞柳本非桮棬必矯揉而後就也吁何其昧于理之甚邪夫仁義卽性也告子乃曰以人性爲仁義如此則性自性仁義自仁義也其可乎夫以杞柳爲桮棬必斬伐之屈折之乃克有成若人之爲仁義乃其性之固有孩提之童皆知愛親卽所謂仁及其長也皆知敬兄卽所謂義何勉强矯拂之有使告子之言行世之人

必曰仁義乃戕賊人之物將畏憚而不肯爲是率天下而害仁義其禍將不可勝計此孟子所以不容不辨也

告子曰性猶湍水也決諸東方則東流決諸西方則西流人性之無分于善不善也猶水之無分于東西也孟子曰水性無分于東西無分于上下乎人性之善也猶水之就下也人無有不善水無有不下今夫水搏而躍之可使過顙也（顙，額）激而行之可使在山是豈水之性哉其勢則然也人之可使爲不善其性亦猶是也臣按告子杞柳之喻既爲孟子所闢則又小變其說而取喻於湍水蓋前說專指人性爲惡至是又謂可以爲善可以爲惡而借水以明之不知水之性未嘗不就下雖搏之過顙激之在山可暫違其本性而終不能使不復其本性也人之爲不善者固有之矣然其所以然者往往爲物欲所誘利害所移而非其本然之性也故雖甚愚無知之人詈之以惡逆斥之以盜賊鮮不變色者至于見赤子之入井則莫不怵惕而救之朱熹以爲性本善故順之而無不善本無惡

故反之而後爲惡，非本無定體，而可以無所不爲也。斯言盡之矣。

公都子（孟子弟子。）曰：「告子曰：『性無善無不善也。』或曰：『性可以爲善，可以爲不善。是故文武興則民好善，（文、武，謂周之文王、武王。）幽厲興則民好暴。』（幽、厲，謂周之幽王、厲王。）或曰：『有性善，有性不善。是故以堯爲君而有象，（象，舜之弟，堯之臣也。）以瞽瞍爲父而有舜，（瞽瞍，舜之父也。）以紂爲兄之子，且以爲君，而有微子啓、王子比干。』（微子、比干，皆紂叔父，文爲之臣。）今曰『性善』，然則彼皆非與？」孟子曰：「乃若其情，則可以爲善矣，乃所謂善也。若夫爲不善，非才之罪也。惻隱之心，人皆有之；羞惡之心人皆有之恭敬之心人皆有之是非之心人皆有之惻隱之心仁也羞惡之心義也恭敬之心禮也是非之心智也仁義禮智非由外鑠我也我固有之也弗思耳矣故曰求則得之舍則失之或相倍蓰而無算者（倍一倍也蓰五倍也算數也）不能盡其才者也詩曰天生烝民有物有則民之秉夷（夷與彝通用）好是懿德孔子曰爲此詩者其知道乎故有物必有則民之秉彝也故好是懿德

朱熹曰情者性之動也人之情本但可以爲善而不可以爲惡則性之本善可知矣又曰才猶材質

人之能也人有四性則有是才性既善則才亦善人之爲不善乃物欲陷溺而然非其才之罪也又曰有物必有法如有耳目則有聰明之德有父子則有慈孝之心是民所秉執之常性也故人之情無不好此懿德者以此觀之則人性之善可見而公都子所問之三說皆不辨而明矣

臣按公都子學於告子者也故以性善爲非而設二者之說以闢孟子孟子不與之辨獨以性之發見者言之蓋所謂性者仁義禮智而已然未發之前無兆朕之可見惟感物而動爲惻隱

爲羞惡爲恭敬爲是非然後性之本可識蓋四
者情也而其本則性也由其性之善故發而爲
情亦善因情之善而性之善可知矣夫善者性
也而能爲善者才也性以體言才以用言才本
可以爲善而不可以爲惡今乃至于爲不善者
是豈才之罪哉陷溺使然也夫四者之心所以
人人皆有者由其具仁義禮智之性故也鑠者
以火銷金之名火之銷金由外以至内也性則
我所固有非自外來獨患夫人之弗思弗求爾
夫物有求而弗得者在外故也性則求其在我

者何不得之有本然之才初無限量極天下之善無不可爲者今乃善惡相去之遠由不能盡其才也曰思曰求而又曰盡此孟子教人用功之至要烝民之詩其說已見前章合而觀之可也。

曹交問曰。曹交。曹君之弟。人皆可以爲堯舜有諸孟子曰然。交聞文王十尺湯九尺今交九尺四寸以長食粟而已如之何則可曰奚有於是亦爲之而已矣有人於此力不能勝一匹雛。勝。堪也。匹。鴨也。鴨之雛也。則爲無力人矣今曰舉百鈞則爲有力人矣一百二十斤爲鈞。百鈞。一萬二千斤。然則舉烏獲之任是亦爲烏獲而已矣烏獲古有力人夫人豈以不勝爲患哉弗爲耳徐行後長者謂之弟疾行先長者謂之不弟夫徐行者豈人所不能哉所不爲也堯舜之道孝弟而已矣子服堯之服誦堯之言行堯之行是堯而已矣子服桀之服誦桀之言行桀之行是桀而已矣曰交得見於鄒君可以假館願留而受業于門鄒國名孟子鄒人也曹交是時亦在鄒曰夫道若大路然豈難知哉人病不求爾子歸而求之有餘師

臣按人皆可以爲堯舜或古語或孟子所嘗言曹交疑而問之孟子曰然者所以明其必然也

交乃以形體之長而材能之短自慊夫聖人之所以聖者豈形體之謂哉人皆有是性故皆可以爲堯舜獨患其不爲耳且以負重譬之能勝烏獲之任是亦烏獲也苟能爲堯舜之事豈非堯舜乎力之强弱有限故有不勝之患若性之善則未嘗有限豈以不勝爲患乎又以行之徐疾明之夫長幼之序天實爲之徐行後長者循乎禮之當然故謂之弟疾行先長者則悖乎理而非弟矣夫徐行至易也豈人所不能以其不爲故陷于不弟之罪以是而思則凡理之當爲

者無不可爲其善不善之分獨在於爲不爲耳世之言堯舜者往往失之過高故孟子直以一言斷之曰孝弟而已矣謂其止於是也夫幼而愛親長而敬兄人性所同爲堯舜者能盡此信而已孟子又恐曹交終疑其難也則又告之以服堯服誦堯言行堯行是堯而已矣言其爲之無不至也交以受業爲請又告以道者人所共由猶九軌之塗坦然易見所患者人不求之耳歸而求之於事親敬長之間本性之眞隨處發露師在是矣其示人深切如此而世之人猶以

性爲不善而安於暴棄者豈不重可歎哉

孟子曰人之所不學而能者其良能也所不慮而知者其良知也孩提之童無不知愛其親者及其長也無不知敬其兄者親親仁也敬長義也無他達之天下也

臣按良謂本然之善也善出於性故有本然之能不待學而能本然之知不待慮而知觀人之幼而愛親長而敬兄則可知矣親親之心達之天下卽所謂仁敬長之心達之天下卽所謂義然則仁義豈出於孝弟之外哉斯理也孟子蓋

屢言之其爲天下後世慮者切矣。

以上論天性人心之善。

或謂以此爲人君致知之首何也曰人君之於道所當知者非一而性善尤其最焉蓋不知己性之善則無以知己之可爲堯舜不知人性之善則無以知人之可爲堯舜故孟子於滕世子之見曹交之問皆以是告焉庶幾其道得行使君爲堯舜之君民爲堯舜之民也不幸邪說放紛正理衰熄當時之君無能尊信其言者未幾而荀卿氏出則爲性惡之說於是李斯本之以

如此而後
謗之禍仁

相秦斯荀卿弟子剗滅先王之禮教一以嚴法峻刑毒天下由其以人性爲惡故也卮言之誤流禍至此豈不哀哉或謂性固然也然求之天下其能爲善者無幾何也曰此氣質之異而非性之罪也先儒張載嘗言之矣曰形而後有氣質之性善反之則天地之性存焉蓋天之所以與人者莫非純粹至善之理此所謂天地之性也人之受之則所値之氣不同或清而純或濁而雜故其性亦隨而異此所謂氣質之性也天地之性則無不善氣質之性則有善有不善焉然苟

有以反之則雖不善者可復而善然則反之之道奈何曰由治己而言則有學由治人而言則有教閑邪存誠克己復禮此治己之學也學之功至則己之善可復矣道德齊禮明倫正俗此治人之教也教之功至則人之善可復矣若夫以己之性爲不善而不以聖人之道治其身是自暴者也以人之性爲不善而不以聖人之道治其民是暴天下者也故繫其説如此惟

聖明詳玩之

大學衍義卷之五終

甲寅四月六日一見

大學衍義卷之六

宋　學士　眞德秀　彙輯

明　史官　陳仁錫　評閱

格物致知之要一

明道術

天理人倫之正一（兼言五者大倫）

大學（禮記篇名）爲人君止於仁，爲人臣止於敬，爲人子止於孝，爲人父止於慈，與國人交止於信。

臣按：大學之道，在止於至善。爲人君，爲人臣，以至與國人交，各有所當止。止云者，必至於是而不遷之謂也以君道言之有一毫未至於仁不可以言止知仁之當爲而或出焉或入焉亦不可以言止何謂仁克己復禮仁之體也愛人利物仁之用也爲人君者內必有以去物欲之私使視聽言動無一不合乎禮外必有以廣民物之愛鰥寡孤獨無一不遂其生此所謂仁也必有是體然後其用行焉故聖人論仁莫先於克己也人君爲天下民物之主痒痾疾痛孰非同體故君道必主於仁而爲仁必極其至所謂止於至善也自古帝王獨稱堯舜爲至仁者以其

兼體用之全。無纖微之間故也。若宋襄以不禽二毛爲仁。梁惠以移民移粟爲仁。是特區區之小善耳。其可以言至乎。其可遽止於是乎。以此推之。則臣之敬。子之孝。父之慈。與國人交之信皆以極至爲當止之地。若夫以貌恭爲敬。以從令爲孝。以長惡爲慈。以小諒爲信。而曰止於是焉。則非臣之所敢知也。

晏子曰。晏子。名嬰。字平仲。齊景公大夫也。君令臣共。父慈子孝。兄愛。弟敬。夫和妻柔。姑慈婦聽。禮也。君令而不違。臣共而不貳。父慈而教。子孝而箴。兄愛而友。弟敬而順。夫和而義。妻柔而正。姑慈而從。婦聽而婉。禮之善物也。物。猶事也。

臣按。君令臣共以下。皆禮之當然也。然君以出令為職。要必不違於理。然後人心服而令必行。否則言悖而出。亦悖而入。未見其能令也。臣之事君。以恭為本。然必忠誠不二。然後可貴。否則外有事君之禮。内有嫚上之心。未見其能恭也。父慈而不能教。則敗其子。子孝而不能箴。則陷父於不義。兄能愛弟矣。又必有切磋之益。如朋友之相資。不然則義掩於恩。其失為徒愛。弟能敬兄矣。必又有和順之美。使情意相親而無間不然。則禮勝則離。其失爲徒敬。夫之於婦貴乎和協。苟不知義。則溺愛而失其剛。非夫道也。婦之於夫貴乎柔巽。苟不由正。則狃說而流於淫。非妻道也。君臣而下。皆以三德相濟。惟姑之於婦。一於慈而從。婦之於姑。一於聽而婉。蓋婦姑相與專主於和柔而無取於剛勁。故與前四者不得不異也。禮之善物。謂八者之禮於事爲善也。不然。則得其偏而無相濟之美。其得爲善乎。

晏子之言。上下均所當知。故錄焉。

孟子人之有道也飽食煖衣逸居而無教則近於禽獸聖人有憂之使契爲司徒教以人倫聖人謂舜契臣名司徒掌教之官父子有親君臣有義夫婦有別長幼有序朋友有信

臣按舜典帝之咨契曰百姓不親五品不遜五品即五者之大倫也汝作司徒敬敷五教在寛春秋傳亦曰舜舉八元使布五教於四方父義母慈兄友弟恭子孝孟子所稱即其事也當舜之時既命后稷教民稼穡五穀既熟有以養民之生矣養而不教則民不知義又何以別於禽獸哉人之

有道謂其各有秉彝之性也父子之親君臣之義夫婦之别長幼之序朋友之信皆人性所自有彝之命官敷教亦因其有而導之耳非强之以所無也經傳論人倫之道非一然各以一言而盡其要未有如孟子者嗚呼旨哉

漢白虎通義章帝時論五經同異於白虎殿作此書三綱者何謂也謂君臣父子夫婦也六紀者何謂也謂諸父兄弟族人諸舅師長朋友也故君爲臣綱父爲子綱夫爲妻綱何謂綱紀綱者張也紀者理也大者爲綱小者爲紀所以張理上下整齊人道也人皆懷五常之性有親

愛之心是以綱紀萬化若羅網之有綱紀而萬目張也

按三綱之名始見於此非漢儒之言古之遺言也葢天下之事衆矣聖人所以治之者厥有要焉惟先正其本而已本者何人倫是也故三綱正則六紀正六紀正則萬事皆正猶舉綱者提其綱紀而衆目畢張也若綱紀不正猶事事而理之猶整亂絲其能治乎即三綱而言之君爲臣綱君正則臣亦正矣父爲子綱父正則子亦正矣夫爲妻綱夫正則妻亦正矣故爲人君

者必正身以總其臣為人父者必正身以律其子為人夫者必正身以率其妻如此則三綱正矣繇古洎今未有三綱正於上而天下不安者亦未有三綱紊於上而天下不危者善計天下者亦察乎此而已矣

以上論天理人倫之正一

明道術

天理人倫之正 通言人子之孝

孝經愛親者不敢惡於人敬親者不敢慢於人愛敬盡於事親而德教加於百姓此天子之孝

臣按孝之爲孝不出愛敬二者而已惟愛親之心以愛人而無所疾惡推敬親之心以敬人而無所慢易則天下之人皆在吾愛敬中矣愛敬盡於事親非求以律人也躬行於上而德教自形於下天下之人無不皆愛其親矣其守豈不約乎其施豈不博乎故曰此天子之孝

子曰昔者明王之以孝治天下也不敢遺小國之臣而況於公侯伯子男乎故得萬國之懽心以事其先王此言天子之孝治國者不敢侮於鰥寡而況於士民乎故得百姓之懽心以事其先君此言諸侯之孝治家者不敢失

於臣妾。而況於妻子乎。故得人之懽心。以事其親。此言大夫之孝夫然。故生則親安之。祭則鬼享之。是以天下和平。災害不生。災害謂水旱飢饉之屬禍亂不作禍亂謂甲兵寇戎之屬故明王之以孝治天下也如此。詩云。有覺德行。四國順之

臣按此章亦推愛親之心以愛人之意。能愛人則人亦愛之。故天子則得萬國之懽心。諸侯大夫亦各得其人民之懽心。人心懽悦。則親心亦爲之懽悦。以奉養則親安。以祭祀則鬼享。幽明無二致也。其效至於天下和平。而無災禍之典。

明察及乎天地謂之在明明德察著也

蓋人和則天地之和亦應其始推愛親之心以及人其終享愛人之福以及親所謂孝治天下也如此後世人君蓋有暴虐其民結怨稔禍至於危其親以及宗廟者然後知聖人之言真百世之蓍龜也

子曰昔者明王事父孝故事天明事母孝故事地察長幼順故上下治天地明察神明彰矣彰亦明矣故雖天子必有尊也言有父也必有先也言有兄也宗廟致敬不忘親也脩身慎行恐辱先也宗廟致敬鬼神著矣孝弟之至通於神明光於四海無所不通

臣按父母者子之天地天地者人之父母其實一也故事父孝則事天之理明事母孝則事地之理察明察云者謂昭然顯著洞悟於心也夫父兮生我母兮育我此所謂子之天地也大哉乾元萬物資始至哉坤元萬物資生此所謂人之父母也事父母之道無它全其所以與我者而已故樂正子曰天之所生地之所養無人爲大父母全而生之子全而歸之可謂孝矣不虧其體不辱其先可謂全矣故壹舉足而不敢忘父母壹出言而不敢忘父母人子之孝未有大

於此者然則事天地之道亦豈有異是乎夫人有此身則有此心有此心則有此性此天地之所與我者也五常萬善本來全具一毫有虧是嫚其所與矣故孟子曰存其心養其性所以事天也成湯所以顧諟天之明命者正恐瞬息之不存非所以事天也文王所以陟降在帝左右者正恐跬步之或違非所以事天也即是而觀事父母事天地豈有二道乎天下之道其玅而不可測者謂之神顯而不可欺者謂之明吾之事天明事地察則天地神明所以鑒臨在上者

昭著而不可揜即下文通乎神明之義也長幼指兄弟而言孔子既言孝又兼言弟故謂雖天子之貴所尊者父而所先者兄然自宗廟致敬以下則惟言孝而已未始及於弟也蓋孝弟一心孝既至則弟亦至矣天人一理通乎神明則亦光乎四海矣此葢推言孝弟之極功爲人君者所當深體也

易蠱（卦名）初六（初爻陰畫）幹父之蠱（蠱事也其字從蟲從皿蠱之食皿敗壞之象故以治事爲治蠱也）有子考无咎厲終吉象曰幹父之蠱意承考也

臣按程頤之傳以爲子幹父蠱之道能堪其事則爲有子而其考得无咎不然則爲父之累故必惕厲則得終吉臣謂易雖通言人子之道其在王者承祖考之業則幹蠱之尤大者也苟或忘敬畏之心而萌熳易之至其終凶可知矣若唐之玄宗憲宗始初清明中興帝業祖考有光焉其後志驕以怠浸弗克終則反吉而爲凶矣吉凶之分由敬熳之異其可忽哉

九二幹母之蠱不可貞象曰幹母之蠱得中道也

臣按程頤之傳以爲子之於母當以柔巽輔導

之使得於義不順而致蠱則子之罪也從容將順豈無道乎以婦人言之則陰柔可知若伸已剛陽之道遽然矯拂則傷恩所害大矣亦安能入乎在乎屈已下意巽順將承使之身正事治而已故曰不可貞固盡其剛直之道如是乃中道也臣謂人君之事母后尤不可不知此義

孟懿子問孝懿子魯大夫仲孫何忌子曰無違樊遲御遲孔子弟子子告之曰孟孫問孝於我我對曰無違樊遲曰何謂也子曰生事之以禮死葬之以禮祭之以禮

臣按朱熹之說以爲生事葬祭事親之始終具

矣禮即理之節文也人之事親自始至終一於禮而不苟其尊親也至矣臣嘗推衍其說以爲昏定而晨省冬溫而夏凊出告而反面下氣怡聲問衣燠寒疾痛苛癢而敬抑搔之出入則或先或後而敬扶持之飲食則問所欲而敬進之有命之應唯敬對進退周旋謹齊升降出入揖遜不敢噦噫嚏咳欠伸跛倚睇視不敢唾洟此生事之禮也喪三日而殯凡附於身者必誠必信此死葬之禮也及時將祭君子乃齊防其邪物訖其嗜欲耳不聽樂心不苟慮必依於道手

足不苟動必依於禮散齊七日以定之致齊三日以齊之齊者精明之至然後可以交神明此祭之禮也自天子而至於庶人其物之隆殺不同然禮之所得爲者則不容一毫之不盡也故孝經曰君子之事親也居則致其敬養則致其樂病則致其憂喪則致其哀祭則致其嚴五者備矣然後能事親五者之名不同而禮所當爲則一論語孝經皆聖人親筆凡爲人子者少違斯言其可立於天地間乎故合而著之

孟武伯問孝子曰父母唯其疾之憂

臣按先儒之說謂武伯之爲人必多可憂之事者故夫子以此告之欲其體父母之心知所以自愛也臣謂此雖爲父母俱存者言然不幸而不終養者其可忘此蓋父母之生我其望於我者何如也顧不能謹身自愛而致疾焉無乃嫚父母之遺體而孤父母所以望我之意乎自士庶人以上皆所當知至人主之身宗廟社稷之所託其責尤重而所以撓亂其血氣戕伐其壽命者尤非一端故漢文帝嘗騎馳下峻坂袁盎諫曰陛下縱自輕奈高廟太后何此言足以深

儆之矣爲人主者儻能體孔子之言凡可以致疾者必敬必戒庶其免於不孝之責乎

子游問孝子曰今之孝者是謂能養至於犬馬皆能有養不敬何以別乎

臣按父母至重也犬馬至輕也孔子以至輕喻至重所以深警世人之以養爲孝者子游聖門高第宜不至是然一念之微少以能養爲足則已墮不敬之域矣非必輕忽簡慢而後謂之不敬也故記禮亦曰養可能也敬爲難

子夏問孝子曰色難有事弟子服其勞有酒食先生

饌。謂父兄先已而生也曾是以爲孝乎

臣按此言承順父母之顏色爲難。至於服勞能養。特其末耳。葢父母之顏色。有慘有舒。爲人子者。所當潛觀嘿察。其色愉則其心樂。固可以自慰。若其色少有異焉。其可不兢兢焉惕惕焉。自省且自責乎。慶雲甘雨。天之喜也。迅雷烈風。天之怒也。善事天者。必於此焉察之。父母者。子之天地。察之可不謹乎。如此而後知色難之義。

禮記。爲人子者。聽於無聲。視於無形

臣按此戒慎乎其所不睹。恐懼乎其所不聞之

惟其恐懼所以明察此毋不敬之大者

狀仁親切無如此語

意也蓋孝子之心惟恐纖介之差須臾之失故其潛觀嘿察至於如此非誠於事親其能若是乎

孝子之有深愛者必有和氣有和氣者必有愉色有愉色者必有婉容嚴威儼恪非所以事親也

臣按愛根於中者深然後發於氣動於色見於容者如此非可以僞爲也嚴威儼恪居上臨下之容施之親則厲矣故曰非所以事親

仁人之事親也如事天事天如事親

臣按此與孝經明察之指畧同先儒張載作西

銘即事親以明事天之道大畧謂天之予我以是理也莫非至善而我悖之即天之不才子也具人之形而能盡人之性即天之克肖子也禍福吉凶之來當順受其正天之福澤我者非私我也予之以爲善之資乃所以厚其責譬之事親則父母愛之喜而不忘也天之憂戚我者非戹我也將以拂亂其心志而增其所不能譬之事親則父母惡之懼而不怨也即此推之親即天也天即親也其所以事之者豈容有二哉夫事親如天孝子事也而孔子以爲仁人蓋孝之

至則仁矣張載之論極其精微臣姑舉其槩如此必欲深窮其指自當卽全書而熟復也

公明儀問於曾子曰夫子可以爲孝乎曾子曰君子之所謂孝也者先意承志諭父母於道參直養而已安能爲孝乎

臣謂父母之意未形而能逆之於其先（逆猶迎也）父母之志已形而能承之於其後非深於孝愛以父母之心爲心者不能喻者開說曉譬之謂爲人子者平時能以理開曉其親置之於無過之地猶臣之事君格其非心而引之當道也其視

有過而後諫者功相百矣故曾子猶難之

父母有過下氣怡色柔聲以諫諫若不入起敬起孝說則復諫不說與其得罪於州閭鄉黨寧孰諫孰即熟字父母怒撻之流血不敢疾怨起敬起孝

臣按起者悚然興起之意孰者反復純熟之謂不諫是陷其親於不義而得罪於州里等而上之諸侯而不諫則使其親得罪於國人天子而不諫則使其親得罪於天下是以寧孰諫也怒而撻之猶不敢怨况下於此者乎諫不入起敬起孝諫而怒亦起敬起孝敬孝之外豈容有它

念哉豈容一息忘哉是說也聖人已著之論語矣曰事父母幾諫見志不從又敬不違勞而不怨善事親者當合二書而思焉

親有疾飲藥子先嘗之醫不三世不服其藥

臣按春秋書許世子止弒其君買傳曰許悼公瘧飲世子止之藥而卒書曰弒其君者止不嘗藥也先儒胡安國以爲夫子之所慎者三疾居其一季康子饋藥而未達則不敢嘗敬謹其身如此而於君父可忽乎止不擇醫而輕用其藥藥不先嘗而誤進於君是有忽君父之心而不

謹矣。此篡弑之萌，堅冰之漸，而春秋之所謹也，故加以大惡而不得辭。此春秋除惡於微之意也。然則侍親之疾者，其可不以許止爲戒

子曰：孝子之喪親也，哭不偯，氣竭而息，聲不委曲。禮無容，不爲容儀。言不文，服美不安，聞樂不樂，食旨不甘，此哀慽之情也。三日而食，教民無以死傷生，毀不滅性，此聖人之政也。喪不過三年，示民有終也。爲之棺槨衣衾而舉之，陳其簠簋而哀慽之，擗踊哭泣，哀以送之，卜其宅兆而安厝之，爲之宗廟以鬼享之，春秋祭祀以時思之。生民之本盡矣，死生之義備矣，孝子之事親終矣。

臣按經傳之言喪親惟此爲略備居喪者當深體焉

子曰子生三年然後免於父母之懷夫三年之喪天下之通喪也

中庸曰期之喪達乎大夫期周年之服也王公絕期故曰達乎大夫三年之喪達乎天子父母之喪無貴賤壹也

滕定公薨定公滕君世子謂然友曰世子定公之子是爲文公然友其傅也昔者孟子嘗與我言於宋於心終不忘今也不幸至於大故吾欲使子問於孟子然後行事然友之鄒問於孟子孟子曰不亦善乎親喪固所自盡也曾子曰

生事之以禮死葬之以禮祭之以禮可謂孝矣諸侯之禮吾未之學也雖然吾嘗聞之矣三年之喪齊疏之服飦粥之食齊衣下縫也不緝曰斬衰緝之曰齊衰也疏麄也麄布也飦糜也喪禮二日始食粥既葬乃疏食自天子達於庶人三代共之然友反命定爲三年之喪父兄百官皆不欲曰吾宗國魯先君莫之行吾先君亦莫之行也至於子之身而反之不可且志曰喪祭從先祖曰吾有所受之也謂然友曰此文公謂也吾它日未嘗學問好馳馬試劍今也父兄百官不我足也恐其不能盡於大事子爲我問孟子然友復之鄒問孟子孟子曰然不可以他求者也孔子

曰君薨聽於冢宰。冢宰六官之長君薨子不聽政以冢宰攝國事歠粥面深墨即位而哭百官有司莫敢不哀先之也上有好者下必有甚焉者矣君子之德風也小人之德草也草尚之風必偃。尚與上通偃伏也是在世子。然友反命世子曰然是誠在我五月居廬未有命戒百官族人可謂曰知。及至葬四方來觀之顏色之戚哭泣之哀弔者大悅

臣按三年之喪自唐虞三代未有改者春秋之世此禮廢墜於是宰予欲短喪而孔子責其不仁子思作中庸亦謂自朞而下貴賤有殊父母

之喪則一而已爾方滕文公用孟子之言欲行其禮則父兄百官譁然爭之及違衆而行又以爲知禮何邪葢以爲不可行者蹈常襲故之陋見而以爲知禮者秉彝好德之良心也夫欲報之德昊天罔極正雖終身之喪未足以紓無窮之悲其所以三年而止者特聖人立爲中制使不可過焉耳而世降教失雖以東魯文獻之邦猶不能行何怪於滕之父兄乎然文公一以身先之則懵然而悟夫理之在人心者固不可泯也自漢文率意變古始爲易月之制然詳其遺

詔。蓋爲吏民設。景帝嗣君也。乃冐用其文。自短三年之制。豈非萬世之罪人乎。其後晉武欲復古制。而厄於群臣之邪說。獨後魏孝文斷以不疑。孝文夷狄之主也。猶能行此。可以中國而弗若乎。臣故備列聖賢之言。使後世有考云

子曰。父在觀其志。父沒觀其行。三年無改於父之道。可謂孝矣

臣按先儒之說。以爲父在得觀其志而奉承之。父沒能觀其行而繼述之。又必三年無改於父之道。然後爲孝。夫父之道善者。當守之終身。不

善者當亟改之何三年之有意其所謂三年無改者必在所當改而可以未改故不忍於遽改耳若不顧事理之重輕於茹哀銜恤之中而改其所可未改者無復謹重之心則於事未必有益而於孝則大有虧矣孔子之言蓋必有爲而發爲人子者處此隨其所遇而以義制之可也以人君言之武王繼文王之志則終身無改者也宣王承厲王之烈則不待三年而改者也若可繼雖不若文而當改又不如厲則孔子所謂三年無改者也二十七月之期迅若奔電人子

於此惟盡追慕之誠姑泯改爲之迹不亦善乎

臣故推而明之以廣先聖言外之指

曾子曰慎終追遠民德歸厚矣

臣按先儒以爲慎終者喪盡其禮追遠者祭盡其誠上之所爲既厚而民亦從而歸厚故大學曰一家仁一國興仁一家讓一國興讓其機如此

禮記曰霜露既降君子履之必有悽愴之心非其寒之謂也春雨露既濡君子履之必有怵惕之心如將見之

臣按孝子無一念不在其親故因霜露之降而感焉因雨露之濡而感焉若將見之此誠之極孝之至也

致齊於內散齊於外齊之日思其居處思其笑語思其志意思其所樂思其所嗜齊三日乃見其所為齊者祭之日入室僾然必有見乎其位（僾者微見貌）周還出戶肅然必有聞乎其容聲出戶而聽愾然必有聞乎其歎息之聲是故先王之孝也色不忘乎目聲不絕乎耳心志嗜欲不忘乎心致愛則存致慤則著著存不忘乎心夫安得不敬乎君子生則敬養死則敬享

思終身弗辱也

臣按此章於人子之思親可謂盡形容之妙矣非誠孝之極安能至此而程頤乃謂思其居處思其笑語此孝子平日思親之心非齊也齊不容有思有思非齊也齊者湛然純一方能與鬼神接蓋齊與戒異當七日之戒凜然祗懼容有思焉及齊三日則湛然純一無所思矣此齊與戒之分也致愛則存致慤則著者蓋愛慕之極儼乎其若存誠慤之極昭乎其有見此鬼神之常理也其可不敬乎敬則有不敬則無矣故親

在而養必以敬親沒而享亦以敬親之存沒有異而孝子之敬則同夫如是則終身弗辱其親矣

文王之祭也事死者如事生思死者如不欲生忌日必哀稱諱如見親祀之忠也

君子有終身之喪忌日之謂也故忌日不樂

臣按忌日之名始見於此父母之喪雖久至於忌日則必以居喪之禮處焉終吾身而後已古之聖王能盡其道者其惟文王乎

父母之所愛亦愛之父母之所敬亦敬之犬馬盡然

而況於人乎

臣按孝子愛敬之心無所不至故凡父母之所愛敬者雖犬馬之賤亦愛敬之況人乎哉姑舉其近者言之若兄若弟吾父母之所愛也吾其可以不之愛乎若薄之是薄吾父母也若親若賢吾父母之所敬也吾其可不之敬乎若嫚之是嫚吾父母也推類而長莫不皆然若晉武惑馮紞之譖不思太后丁寧之言而疎齊王攸唐高宗溺武氏之寵不念太宗顧託之命而殺長孫無忌若二君者皆禮經之罪人也

孔子曰身也者親之枝也敢不敬與不能敬其身是傷其親

曾子曰身也者父母之遺體也行父母之遺體敢不敬乎

臣按論語曾子之言曰戰戰兢兢如臨深淵如履薄冰正此意也

禮記曰孝子如執玉如奉盈（盈滿也）洞洞屬屬然（洞洞空無它念也屬屬者相續連也）如弗勝如將失之

臣按子之身出於父母本一體而分焉猶枝之出於幹也傷其枝則傷其幹矣持身之不敬寧

不傷其親乎故曾子戰戰兢兢以終其身蓋敬奉遺體不敢以少慢也凡爲人子者皆所當然而人主之身爲尤重祖宗之基業於我乎託也廟祏之神靈於我是依也然則一言動一舉措其可忽乎曾子臨淵履冰之言記禮執玉奉盈之喻宜深體之

孟子曰事孰爲大事親爲大守孰爲大守身爲大事親事之本也守身守之本也不失其身而能事其親者有之矣失其身而能事其親者未之有也

曾子曰樹木以時伐焉禽獸以時殺焉夫子曰斷一

此即是真戒殺真放生文

述事不煩可爲經筵日講法

樹殺一獸不以其時非孝也

臣按仁孝同源故孝者必仁而仁者必孝不忘伐獸不妄殺此仁也亦孝也若斷之殺之不以其時則是無復仁心矣安有不仁而能孝者耶武王數紂之罪曰暴殄天物人君享天下之奉苟徇其侈欲之心用物無節是則所謂暴殄也是則所謂不孝也物猶如此况於骨肉之親民生之類其親之仁之又當何若耶秦二世疎忌同姓七公子托死於社漢武以一馬興師暴骨萬里之外其爲一木一獸不既多乎此又不

孝之尤者也臣故推衍其說以廣曾子言外之意

以上叙天理人倫之正一

大學衍義卷之六終

大學衍義卷之七

宋　學士　眞德秀　纂輯

明　史官　陳仁錫　評閱

格物致知之要一

明道術

天理人倫之正　帝王事親之孝

堯典曰有鰥在下曰虞舜鰥無妻之名在下謂卑賤也虞氏舜名父頑父瞽瞍心不則德義之經爲頑母嚚母嚚瞍後妻舜繼母也口不道忠信之言爲嚚象傲象舜後母弟名傲慢不友也克諧以孝諧和也烝烝乂不格姦烝進也乂治也姦惡也　史記舜父瞽瞍盲而舜母死瞽瞍更娶妻而生象象傲瞽瞍愛後妻子常欲殺舜舜避逃及有

小過則受罪順事父及後母與弟日以篤謹

臣按舜以一身處頑父嚚母傲弟之間而能諧和以孝俾其善日進惡日泯非至誠之積薰蒸浸灌何以有此先儒曾鞏引詩烝之浮浮爲譬其意以謂饙之炊也火然于下其氣相續故能通徹於上舜之積誠感父亦猶是也其說得之矣

帝初于歷山山名舜時所耕往于田日號泣于旻天旻閔也于父母負罪引慝慝惡也祗載見瞽瞍祗敬也載事也夔夔齋慄齋莊敬也慄戰栗也夔夔莊敬戰慄之貌瞽亦允若允信也若順也

臣按舜以不獲于父母之故號泣于天自負其罪不敢以爲父母之罪自引其慝不敢以爲父母之慝其誠於孝如此宜其卒能感動也

孟子曰天下大悅而將歸巳視天下悅而歸巳猶草芥也惟舜爲然不得乎親不可以爲人不順乎親不可以爲子舜盡事親之道而瞽瞍厎豫厎致也豫順也瞽瞍厎豫而天下化瞽瞍厎豫而天下之爲父子者定此之謂大孝

臣按舜之所值者至難事之親也然積誠感動猶能使之厎豫況其不如瞽瞍者乎故瞽瞍厎

豫而天下之爲人子者皆知無不可事之親而各勉於爲孝此所謂天下化也昔豫章羅從彦論此曰只爲天下無不是底父母諫議陳瓘聞而善之曰惟如此而後天下之爲父子者定彼臣弑君子弑父者常始於見其有不是處爾嗚呼罪己而不非其親者仁人孝子之心也怨親而不反諸己者亂臣賊子之志也後之事難事之親者其必以舜爲法

萬章問曰舜往于田號泣于旻天何爲其號泣也孟子曰怨慕也萬章曰父母愛之喜而不忘父母惡之

勞而不怨然則舜怨乎曰長息問於公明高長息公明高弟子公明高曾子弟子曰舜往于田則吾既得聞命矣號泣于旻天于父母則吾不知也夫公明高以孝子之心爲不若是恝恝無愁之心我竭力耕田共爲子職而已矣父母之不我愛於我何哉帝使其子九男二女百官牛羊倉廩備以事舜于畎畝之中天下之士多就之者帝將胥天下而遷之焉爲不順於父母如窮人無所歸天下之士悅之人之所欲也而不足以解憂好色人之所欲妻帝之二女而不足以解憂富人之所欲富有天下而不足以解憂貴人之所欲貴爲天子而不

倦曰可以孝子之憂終不解也

足以解憂人悅之好色富貴無足以解憂者惟順于父母可以解憂人少則慕父母知好色則慕少艾艾美好也有妻子則慕妻子仕則慕君不得於君則熱中熱中躁急心熱也大孝終身慕父母五十而慕者予於大舜見之矣

臣按孟子可謂知大舜之心矣蓋窮天下之可欲皆外物也聖人視之如浮雲然得喪去來不以介意惟不順於父母則以爲己之大罪而不敢自恕人知舜慼之爲慼獨孟子知其慼乃所以爲慕慕之爲言愛之深思之切也五十始衰

禮所謂不致毀之時也大舜於此猶慕焉聖人純孝之心不以老而衰也揚雄亦曰事父母自知不足者其舜乎蓋舜雖巳順其親而其心常若不足此其所以爲終身之慕

禮記子曰舜其大孝也與德爲聖人尊爲天子富有四海之內宗廟饗之子孫保之（子孫謂虞思陳胡公之屬歷三代爲諸侯）故大德必得其位必得其祿必得其名必得其壽故天之生物必因其材而篤焉（材質也篤厚也）故栽者培之（栽植也培養也）傾者覆之詩曰嘉樂君子憲憲令德宜民宜人受祿于天保祐命之自天申之（詩大雅假樂之篇憲詩作顯申重也）故

大德者必受命

臣按舜以聖人之德居天子之位其福祿上及于宗廟而下延于子孫此所以爲大孝也然舜所知者孝而已若祿位名壽則天實命之非舜有心于得之也孔子以天之眷舜如此因言天之生物必因其材質而加厚焉其本固者雨露得以滋培之其本傾者風雷得以顛覆之其培之也非恩之也其覆之也非害之也咸其自取焉爾又引詩以明之以見大德者必受命知舜德爲聖人尊爲天子宗廟饗之子孫保之然後

爲大孝。則夏商後王。不敬厥德。而至于覆宗絕祀者。其爲不孝可知

子曰。武王纘太王王季文王之緒。纘繼也。太王。王季。文王之父壹戎衣而有天下。戎衣甲冑之屬。言一著戎衣以伐紂。即有天下也尊爲天子。富有四海之內。宗廟饗之。子孫保之。武王末受命。末謂老。武王有天下時巳老矣周公成文武之德。追王太王王季。上祀先公以天子之禮。先公。后稷公劉之屬子曰。武王周公。其達孝矣乎。達。通也。天下之人通言其孝也夫孝者。善繼人之志。善述人之事者也。春秋脩其祖廟。祖宗之廟陳其宗器。先世所藏之重器。若周赤刀。天球之屬設其裳衣。先祖之遺衣服。祭則設之以授尸也薦其時食。四時之食

各有其物踐其位行其禮奏其樂敬其所尊愛其所親事死如事生事亡如事存孝之至也

臣按此章稱武王周公亦猶前章之稱舜也大抵爲人君以光祖宗遺後嗣爲孝周自太王實始翦商至文王三分天下有其二而武王遂成之躬衣戎服誅獨夫受而有天下此武王之繼志述事也周公追王太王王季祀先公以天子之禮又制禮作樂使世世子孫奉承宗廟之祀事歿如生事亡如存此周公之繼志述事也舜之孝如天之不可名故曰大武王周公之孝天

下稱之無異辭故曰達後世人主有志於孝治者當合大舜文武周公之事而考之蓋大舜以瞽瞍爲父處人倫之變者也文王以王季爲父處人倫之常者也舜文所遇不同而其心則一使舜遇文王之時必能盡處常之道使文王遇舜之時亦必能盡處變之方所謂易地則皆然也至於繼志述事則當持守而持守固繼述也當變通而變通是亦繼述也凡此皆人主所當知臣故推衍其說以廣中庸言外之指

文王之爲世子朝於王季日三雞初鳴而衣服至於

寢門外問內豎之御者曰今日安否何如（內豎小臣之屬掌外內之通命者御如今小吏直日）內豎曰安文王乃喜及日中又至亦如之及莫又至亦如之其有不安節則內豎以告文王文王色憂行不能正履王季復膳然後亦復初食上必在視寒煖之中（在察也）食下問所膳（問所食者）命膳宰曰末有原（末猶勿也原再也已進者勿有所再進）應曰諾然後退武王帥而行之不敢有加焉文王有疾武王不說冠帶而養（說與脫同）文王一飯亦一飯文王再飯亦再飯旬有二日乃間（間猶瘳也）

臣按文武二聖人事親之孝如此眞萬世帝王

之法也故傳禮者述其事以爲世子之記漢文
帝之爲代王太后嘗病不解衣交睫者三年藥
非口嘗不進蓋其天質之美故能庶幾盛王之

孝文帝亦賢矣哉

漢高帝詔曰人之至親莫親於父母故父有天下傳
歸於子子有天下尊歸於父此人道之極也前日天
下大亂兵革並起萬民苦殃朕親被堅執銳平暴亂
立諸侯偃兵息民天下大安此皆太公之教訓太公高帝父也
王侯卿大夫已尊朕爲皇帝而太公未有號今上
尊太公爲太上皇九年淮南王梁王趙王楚王朝未

央宮置酒前殿上奉玉卮爲太上皇壽曰始大人常以臣無賴賴利也無利入於家也不能治産業不如仲力仲高帝兄力動也今某之業所就孰與仲多殿上羣臣皆稱萬歲大笑爲樂

唐太宗貞觀三年突利可汗入朝上謂侍臣曰往者太上皇以百姓之故稱臣於突厥朕常痛心今單于稽顙庶幾可雪前恥四年李靖擒頡利可汗以獻上皇聞之歎曰漢高祖困白登不能報今我子能滅突厥吾託付得人復何憂哉上皇命置酒淩煙閣酒酣上起舞公卿迭起爲壽

此所謂終身之喪自天子達于庶人而生我之日又可知已

臣按：漢高帝歸尊于父，唐太宗雪父之耻，可謂孝矣。惜也高帝未央之宴，嗲（音侈，又昌者反）然以功業自矜，有夸其父之意；而太宗之初起，借助於虜，因而臣之，長其桀驁之態，後來之雪耻，僅足以贖前過而已。况其父子昆弟之間，慙德爲多，功烈雖盛，瑜終不能以揜瑕也。

太宗嘗謂近臣曰：「吾今日生日，世俗皆爲樂，在朕翻成傷感。今君臨天下，富有四海，而欲承顔膝下，永不可得，此子路有負米之恨也。詩云：『哀哀父母，生我劬勞。』柰何以劬勞之日更爲宴樂乎？」因泣數行下，左右

皆悲

明皇開元中以生日宴百官于花萼樓每歲八月五日爲千秋節布於天下咸令宴樂尋又移社就千秋節

臣按范祖禹曰太宗不以生日宴樂以爲父母劬勞之日也乾曜等以人主生日爲節又移社以就之夫節者陰陽氣至之候不可爲也社者國之大祀不可移也明皇享國既久驕心寖生乾曜說不能以義正君每爲諂媚以逢迎之其得爲名臣乎臣謂太宗之思親發於眞誠至今

小人勿用必亂邦也

讀者猶爲之感愴明皇君臣上驕下諂大陳燕享創立節名後世沿循遂成故典臣子以此爲尊其君固已末矣人主亦從而忘其親其可乎哉近代以來士大夫又以其尊君者而尊用事之臣餽遺之珎歌頌之侈視人主之生日殆遠過焉又何義也法太宗之誠監開元之失而杜人臣交私黷貨之源其必自

聖君始

肅宗上元元年平兩京迎上皇自蜀歸京師居興慶宮上時自夾城往起居上皇亦問至大明宮內侍李

用小人漢武不能有其子用小人肅宗不能有其父而易發之于師一爲子盜父兵一爲内傳握兵言之若合符券易其至矣乎

輔國素微賤雖暴貴用事上皇左右多輕輔國輔國意恨且欲立奇功以固寵乃言於上曰上皇居興慶宮日與外人交通陳玄禮上皇侍衛大將高力士内侍久事上皇謀不利於陛下上泣曰聖皇慈仁豈容有此對曰上皇固無此意其如羣小何陛下當爲社稷大計消亂未萌豈得徇匹夫之孝且興慶宮垣墉淺露非至親所宜居大内深嚴奉迎居之與彼何殊又得杜絕小人熒惑聖聽如此上皇享萬歲之安陛下有三朝之樂庸何傷乎上不聽興慶宮先有馬三百匹輔國矯敕取之纔留十匹上皇謂高力士曰吾兒爲輔國所惑

不得終孝矣輔國又令六軍將士號哭叩頭請迎上皇居西内上泣不應輔國遂矯稱上語迎上皇遊西内至睿武門輔國將射生五百騎露刃遮道曰皇帝以興慶宮湫隘迎上皇遷居西内上皇驚幾墜遂如西内居甘露殿所留侍衛兵纔尫老數十人陳玄禮等及舊宮人皆不得留左右輔國與六軍大將見上請罪上迫於諸將乃勞之曰卿等恐小人熒惑防微杜漸以安社稷何所懼也高力士流巫州陳玄禮勒致仕上皇日以不懌因不茹葷辟穀浸以成疾上初猶往問安既而上亦有疾但遣人起居其後上稍悔

悟惡輔國欲誅之畏其握兵竟猶豫不能决

二年五月初李輔國與張后共謀遷上皇於西內是日端午山人李唐見上上方抱幼女謂唐曰朕念之卿勿怪也對曰太上皇思見陛下亦如陛下之念公主也上泫然泣下然畏張后尚不敢詣西內明年改元寶應建巳月上皇崩

臣按肅宗之平長安也上皇自蜀還都曰朕爲五十年太平天子未爲貴今爲天子父乃貴耳此元結之頌所謂宗廟再安二聖重歡者也豈不盛哉徒以內侍握兵妄爲讒間而迫遷之謀

出焉其所以然者肅宗柔懦無斷故張后輔國得以劫之以天子之貴而不能庇其父使抑鬱無聊遂以致疾肅宗之罪於是乎通天矣方其少在東宮本以孝名倘能厲乾純之德絕柔道之牽當輔國進言之時奮發威斷明諭諸將斥其離間父子之罪執而戮之命駕西宮俯伏謝過二帝懽然和氣充塞彼爪牙之士不過爲輔國所迫耳人誰無父子之情若告戒明切必將幡然悔悟孰肯舍仁孝之天子而從悖逆之內侍哉帝乃泯然無所開曉但有垂涕而已將士

見帝不言未必不謂實已心許而不欲形之于口此輔國之計所以得行也大抵姦賊之臣離人骨肉率以利害惑其主使疑情動于中徊徨顧慮欲爲自保之計然後墮其機穽肅宗之不能力却脅遷之請者亦以輔國所陳有以動其疑情故也疑情萌則懼心作保身之念勝則愛親之志衰肅宗之罪正坐於此吁可戒哉

以上論天理人倫之正二

延寶二年甲寅五月九日一見了　林学士

大學衍義卷之七　終

大學衍義
下
八之十二

大學衍義卷之八

宋　學士　眞德秀　壹輯

明　史官　陳仁錫　評閱

格物致知之要一

明道術

天理人倫之正 長幼之序

孟子。萬章曰。父母使舜完廩。捐階。完。治也。捐。階。謂去其梯。瞽瞍焚廩。使浚井。出。從而揜之。揜。蓋也。象曰。謨蓋都君咸我績。史記曰。使舜上塗廩。瞽瞍從下縱火焚廩。舜乃以兩笠自捍而下去。得不死。後又使舜穿井。舜穿井。爲匿空旁出。舜既入深。瞽瞍與象下土實井。舜從匿空出去。謨。謀也。蓋。蓋井也。舜所居三年成都。故謂之都君咸皆也。績功也。象不知舜已出。故欲以殺舜爲已功也、牛羊父母。倉廩父母。以此歸之父母也。干戈朕。朕我也。古者君臣通稱。琴朕。弤朕。弤雕弓也。二嫂使治朕棲。二嫂堯二女也。棲床也。象往入舜宮。舜在牀琴。象曰。鬱陶思君爾。忸怩。鬱陶猶菀結也。忸怩慙色也。舜曰。惟茲臣庶。汝其于予治。臣庶謂其百官也。舜喜其來見故云。不識舜不知象之將殺已與。曰。奚而不知也。象憂亦憂。象喜亦喜。此孟子言。曰。然則舜僞喜者與。此萬章言。曰。否。彼以愛兄之道來。故誠信而喜之。奚僞焉。此孟子言。

臣按。象欲殺舜之迹明甚。舜豈不知之。然見其憂則憂。見其喜則喜。略無一毫芥蔕于其中。後世骨肉之間。小有疑隙。則猜防萬端。唯恐發之不蚤。除之不亟。至此。然後知聖人之心與天同量也。世儒以帝堯在上。二女嬪虞。象無殺舜之理。故以孟子爲疑。不知孟子特論大舜之心。使其有是。處之不過如此。豈必眞有是哉。

萬章問曰。象日以殺舜爲事。立爲天子。則放之。何也。孟子曰。封之也。或曰放焉。放。猶置也。猶今言安置。萬章曰。舜流共工于幽州。放驩兜于崇山。殺三苗于三危。殛鯀于羽山。四罪而天下咸服。誅不仁也。象至不仁。封之有庳。國名。有庳之人奚罪焉。仁人固如是乎。在他人則誅之。在弟則封之。曰。以下孟子言仁人之於弟也不藏怒焉。藏匿其怒不宿怨焉。宿蓄其怨親愛之而已矣。親之欲其貴也。愛之欲其富也。封之有庳。富貴之也。身爲天子。弟爲匹夫。可謂親愛之乎。敢問或曰放者何爲也。此萬章言曰。象不得有爲于其國。天子使吏治其國。而納其貢稅焉。故謂之放。豈得暴彼民哉。雖然。欲常常而見之。故源源而來。不及貢。以政接于有庳。此之謂也。此孟子言

臣按。聖人不以公義廢私恩。故不以象之惡而不與之以富貴。亦不以私恩廢公義。故使之不得有爲于其國。以暴其民。舜之于象。仁之至。義

之盡也。

詩皇矣之三章（大雅篇名）維此王季。因心則友。則友其兄（兄。謂泰伯。以國讓王季者也）則篤其慶（篤厚也）載錫之光（錫予也）受祿無喪（喪亡也）奄有四方（奄大也。泰伯見王季之生文王。知天命之必在王季。故去而適吳。太王沒而不返。而後國傳於王季。周道大興）

臣按。王季之友太伯也。蓋其因心之本然。非以其讓巳而後友之也。昆弟至情。出於天性。豈有所爲而爲之乎。使太伯未嘗有讓國之事。王季之所以友之者。亦若是而巳。夫王季之友。不過盡其事兄之道耳。豈有心於求福哉。閨門之內敬順休洽，固產祥隤祉之基也。故厚其慶而錫之光，受天之祿而有天下。天之報施，其亦明矣。後世如漢顯宗以東海王彊遜己而友之，唐明皇以宋王成器遜己而友之，其友雖同，而所以友之則異。蓋王季之心無所爲而然者也，顯宗、明皇之心有所爲而然者也。此天理人欲之分，而漢唐之治所以不若周之盛與。

常棣，燕兄弟也。小雅篇名。閔管蔡之失道，故作常棣焉。管叔、蔡叔，皆文王子。管叔，周公兄也；蔡叔，周公弟也。武王封武庚爲殷後，使管叔、蔡叔監之。武王崩，管、蔡挾武庚以叛。周公相成王誅之。其一章曰：常棣之華，鄂不韡韡。常棣，棣也。今都李花鄂相承甚力故以喻兄弟韡韡光明貌凡今之人莫如兄弟二章曰死喪之威兄弟孔懷三章曰脊令在原兄弟急難脊令雝渠也飛則鳴行則搖首尾相應以喻兄弟相救于急難其相應如是也四章曰兄弟鬩于牆外禦其務鬩狠也禦禁也務侮也兄弟雖內鬩而外禦

臣按周公使二叔監殷二叔以殷畔公既奉行天討矣使他人處此必且疾視同姓惟恐疎棄之不亟而公作此詩以燕兄弟方綢繆反復謂如常棣華鄂之相依脊令首尾之相應雖忿鬩于門牆之內至有外侮則同力以禦之惓然閔惻之至情溫然篤叙之深恩溢于言外其後有

周世賴宗强之助，王室之勢安於磐石，雖歷變故而根本不揺。襄王怒鄭，欲以狄師伐之，其臣富辰諫曰：兄弟雖有小忿，不廢懿親。今天子不忍小忿以棄鄭親，其若之何？襄王不從，果召狄難。嗚呼！後世王者欲知兄弟相須之切，其於是詩可不深味之乎。

行葦，忠厚也。大雅篇名 其一章曰：敦音團彼行葦，敦，聚類。行，道也。葦，蘆類。牛羊勿踐履。方苞方體，苞，籜也。體，成形也。維葉泥泥。葉初生柔澤貌。戚戚兄弟，戚戚，內相親也。莫遠具爾。莫，無也。具，俱也。

臣按：先儒呂祖謙曰：彼行葦之方苞方體，其葉泥泥然其可使牛羊踐履之乎戚戚兄弟其可踈遠而不親近乎忠厚之意藹然見於言語之外毛氏以戚戚爲內相親唯體之深者爲能識之臣謂祖謙之說善矣使人主能深體此章之指則雖一草一木且不敢輕於摧折也况骨肉之戚而縱尋斧乎此詩二章以下皆言燕樂兄弟之事然必有此心爲之本然後燕樂不爲虛文不然非所知也

角弓父兄刺幽王也小雅篇名不親九族而好讒佞骨肉相怨故作是詩也骨肉謂族親也以其父祖上世同稟血氣而生如骨肉之相附騂

騂角弓，騂騂，調和也。翩其反矣。翩，反貌。兄弟婚姻，無胥遠矣。遠，疏遠也。爾之遠矣，民胥然矣。爾之教矣，民胥傚矣。胥，皆也。傚，倣也。此令兄弟，綽綽有裕。令，善也。綽，寬也。裕，饒也。不令兄弟，交相爲瘉。不令，不善。瘉，病也。民之無良，相怨一方。受爵不讓，至于已斯亡。

臣按：先儒之論，以爲弓之爲物，其體往來，張之則內嚮而來，弛之則外反而去。骨肉之親，親之則附，疏之則離，亦如角弓翩然而反也。然則兄弟婚姻，其可使相疏遠乎？夫人君，風化之本，爾遠其親，則民亦皆然矣；爾之教如此，則民亦皆倣之矣。爾指幽王而言也。人之性。固有篤於善而不爲風化所移者。然不移者寡。而移之者多。故必令善兄弟而後能寬裕而不變。若不善之兄弟。本自薄惡。上又教之。則交相爲病。當愈甚矣。于是民之失其良心者。雖細微之故。亦相怨憾。一方。猶一事也。專利欲得。其受爵者無復推遜之意。至尊奪以取亡。皆由上之化故也。後世人主誠懲角弓之刺。則于兄弟之親。可不厚其恩意乎。

葛藟詩王風篇名　王族刺平王也。平王。周東遷之君　周室道衰。棄其九族焉。其一章曰：緜緜葛藟，在河之滸。緜緜，延長貌。葛藟，二物，生山谷間。今在河滸，非其性也。終遠兄弟，謂他人父。謂他人父，亦莫我顧。二章曰：終遠兄弟，謂他人母。三章曰：終遠兄弟，謂他人昆。昆，兄也。

杕杜。詩晉風篇名。刺時也。刺晉昭公。君不能親其宗族，骨肉離散，獨居而無兄弟，將爲沃所并爾。沃，曲沃也。有杕之杜，杕，特生貌。杜，赤棠也。其葉湑湑。湑，胥上。湑湑，潤澤也。獨行踽踽。踽，巨上。踽踽，無所親也。豈無他人，不如我同父。嗟行之人，胡不比焉。比，親也。人無兄弟，胡不佽焉。佽，音次，助也。二章曰：豈無他人，不如我同姓。其後昭公果爲晉人所弒，而曲沃武公據晉而爲諸侯。

臣按角弓葛藟杕杜三詩。正常棣行葦之反也。周幽王不親九族。民亦尤而効之。所謂上有好者。下必有甚焉者也。故詩人刺之曰。爾若是則民將爭奪而致亂亡矣。平王疎遠其兄弟。而以他人爲父兄。所謂不愛其親而愛他人者也。故詩人曉之曰。爾疎其所親。親其所疎。人亦將莫我顧矣。晉昭公獨居而無兄弟。所謂寡助之至。親戚畔之也。故詩人諷之曰。人無兄弟。何不與行道之人相親附乎。何不求他人相佽助乎。以此三詩與常棣行葦參玩。則成周之所以興。幽平之所以壞，晉昭之所以滅亡，皆灼然可見矣。

春秋傳隱元年：初，鄭武公（鄭，國名。武，謚也。）娶于申（申，國名），曰武姜（武謚，姜姓）。生莊公及共叔段（共，邑。叔，字。段，名）。莊公寤生，驚姜氏，故名曰寤生（寤寐中生，因以爲名）。遂惡之。愛共叔段，欲立之。亟請於武公，公弗許。及莊公即位，爲之請制（姜爲之請也。制，邑名）。公曰：「制，巖邑也（巖，險也），虢叔死焉（虢叔，舊虢君。制乃虢之邑。虢叔恃險而亡）。他邑惟命。」請京（京亦邑名），使居之，謂之京城大叔。祭仲（鄭大夫）曰：「都城過百雉，國之害也（古者謂封子弟之邑曰都。城方丈曰堵，三堵曰雉，一雉之墻長三丈，高一丈）。先王之制，大都不過參國之一（三分國城之一），中五之一，小九之一。今京不度（不合法度），非制也，君將不堪。公曰。姜氏欲之。焉辟害。對曰。姜氏何厭之有。不如早爲之所。無使滋蔓。蔓難圖也。蔓草猶不可圖。况君之寵弟乎。公曰。多行不義。必自斃。斃。殞也。子姑待之。既而大叔命西鄙北鄙貳于己。鄙。鄭邊邑。貳。謂兩屬。公子呂鄭大夫曰。國不堪貳。君將若之何。言國邑不可以兩屬也。欲與大叔。臣請事之。若弗與。則請除之。無生民心。言叔久不除。則國人生他心。公曰。無庸。將自及。言無用除。禍將自及。大叔又收貳以爲己邑。前兩屬邑。今皆取以爲己邑。至于廩延。邑名。言侵地益多也。子封曰。厚將得衆。子封。公子呂字。厚。謂土地廣大。公曰。不義不暱。厚將崩。不義于君。不親于兄。非衆所附。雖厚必傾。暱。親也。大叔完聚。完城郭。聚人民。繕甲兵。具卒乘。步曰

恐亦止失
敎

辛車曰乘將襲鄭襲掩其不備也夫人將啓之啓開也言開導其來公聞其期曰可矣命子封帥車二百乘以伐京古者兵車一乘甲士三人步卒七十二人京叛大叔段京邑人叛之也段入于鄢鄢亦邑名公伐諸鄢大叔出奔共共亦邑名書曰鄭伯克段于鄢謂孔子書於春秋也段不弟故不言弟如二君故曰克稱鄭伯譏失教也

穀梁傳曰段弟也而弗謂弟公子也而弗謂公子貶之曰段失子弟之道矣賤段而甚鄭伯也何甚乎鄭伯甚鄭伯之處心積慮成於殺也

先儒胡安國曰用兵大事也必君臣合謀而後動則當稱國命公子呂爲主帥則當稱將出車二百

乘則當稱師三者咸無稱焉而專目鄭伯是罪之在伯也夫君親無將段將以弟簒兄以臣伐君必誅之罪也而莊公特不勝其母焉爾曷爲縱釋叔段移於莊公舉法若是失輕重哉曰姜氏當武公之時嘗欲立段矣及公既没姜以國君嫡母主乎內段以寵弟多才居乎外國人又悅而歸之恐其終將軋已爲後患也故授之大邑而不爲之所縱使失道以至于亂然後以叛逆討之則國人不敢從姜氏不敢主而大叔屬籍當絕不可復居父母之邦此鄭伯之志也王政以善養人推其所爲使

百姓與於仁而不偷也況以惡養天倫使陷于罪因以翦之乎春秋推見至隱首誅其意以正人心示天下爲公不可以私亂也其後公没未幾而嫡奔庶立公子五爭兵革不息其禍憯矣亂之初生也起于一念之不善有國者所以必循天理而不可以私欲滅之也

漢文帝初即位淮南王長（高帝少子孝文之弟）自以爲最親（時高帝子唯二人在）驕蹇數不奉法上寬赦之三年入朝甚橫從上入苑獵與上同輦常謂上大兄歸國益恣不用漢法六年謀反事覺迺使使召至長安丞相張蒼等雜

奏長所犯不軌當棄市臣請論如法制曰朕不忍置
法於王其與列侯吏二千石議列侯吏二千石臣嬰
等曰皆曰宜論如法制曰其赦長死罪廢勿王有司
奏請處蜀嚴道邛郵於是盡誅所與謀者迺遣長載
以輜車令縣次傳爰盎諫曰上素驕淮南王不爲置
嚴相傅以故至此且淮南王爲人剛今暴摧折之臣
恐其逢霧露道死陛下有殺弟之名奈何上曰吾特
苦之耳今復之長謂侍者曰吾以驕不聞過故至此
迺不食而死縣傳者不敢發車封至雍雍令發之以
死聞上悲哭謂爰盎曰吾不用公言卒亡淮南王盎

既失恩又失刑

曰陛下遷淮南王欲以苦其志使改過有司宿衛不謹故病死於是上迺解曰將奈何曰斬丞相御史以謝天下迺可上卽令丞相御史建諸縣不發封餽侍者皆棄市以列侯葬淮南王于雍置守冢三十家後封長子四人爲侯民有作歌歌淮南王曰一尺布尚可縫一斗粟尚可舂兄弟二人不相容上聞之曰昔堯舜放逐骨肉鯀及共工皆堯同姓周公殺管蔡天下稱聖不以私害公天下豈以爲我貪淮南地邪迺追謚爲厲王置園如諸侯儀十六年上憐淮南王廢法不軌自使失國早夭立王三子王淮南故地

臣按淮南王長之死非文帝意也方丞相御史條奏其罪請論如法復下列侯二千石議又請論如法于是始不獲已赦勿王且遷之蜀欲其思過自改而已豈有意于殺之哉及其既死哀矜愍悼既爲誅不發封之吏又以禮葬之置守冢家盡侯其諸子其後聞布粟之謠雖自知無媿于天下然猶賜謚置園如諸侯儀帝于是可謂得親親之誼矣雖然帝於待淮南則不得爲無過矣易曰童牛之牿音谷元吉言牛之童者角未能觸而制之則爲力也易方長之擅殺列侯

此議甚正賈生不及也

也。三年入朝，殺辟陽侯審食其。固已桀驁難制矣。帝于此時當使吏治其國，而留之長安，選名儒通經術有行誼者，朝夕陪輔道之，以先王之訓典，而威之以漢家之明刑，幸而有悛，則復使之國，否則或徙之小邦，或降之通侯，長必悔艾，思有以自復。帝既赦而弗誅，又不聞有所訓勅，即使之歸國。于是益驕且橫，是陷長于惡也。其後不從賈生之諫，而輒王其諸子，則又失之。蓋長非無罪而死者也，帝誠憐之，而侯其子，亦足以奉祀矣。漢之列侯，食其租稅而已，其力不能爲亂。而乃瓜分淮南之壤，悉王其三子。王則地大民衆其權可以爲亂。正賈誼所謂擅仇人以危漢之資。卒啓後來淮南衡山之禍。是于失之中又重失焉。其視舜之于象。仁義兩至者爲何如耶。臣故謂後世不幸有處親戚之變者。唯當以大舜爲法。

唐太宗貞觀十年。諸王荆王元景等皆太宗之弟也之藩。上與之別曰。兄弟之情。豈不欲常相共處耶。但以天下之重。不得不爾。諸子尚可復有。兄弟不可復得。因流涕嗚咽不能已。

臣按。太宗此言。其殆有感于隱巢之事乎。昆弟至情雖不幸怵于利害或有時而怠之然天理之眞終有不可揜者使能因此心之發而知夫天理之不可昧則見之於事必有充其實者矣惜太宗之不能也孟子謂有四端者知皆擴而充之太宗睠睠音眷于諸王之别所謂惻隱之心而不知所以充之斯其可憾者與

唐明皇帝素友愛初卽位爲長枕大被與兄弟同寢聽朝之暇多從諸王游在禁中拜跪如家人禮飲食起居相與同之於殿中設五幄與諸王更處其中謂之五王帳宋王成器尤恭謹未嘗議及時政與人交

結帝愈信重之故讒間之言無自而入。宋王成器。本明皇之兄。先巳立爲太子。明皇爲臨淄王。定內難。成器遂力辭儲位。睿宗許之。立臨淄爲太子。

范祖禹曰。文王孝於王季。故友于兄弟。睦于太姒。故慈于子孫。以及其家邦。至于鳥獸草木無不被澤者。推此心而巳矣。先王未有孝而不友。友而不慈者也。至于後世帝王。或能于此。則不能于彼。何哉。非其才不足以爲聖賢。不能舉斯心加諸彼而巳。明王以藩王有功。成器居嫡長而能辭位以授之。故明皇之心。篤于兄弟。蓋成器之行有以養其友愛之心。是以能全其天性。而讒間之言。無自入焉。嗚呼。苟能克是心。則仁不可勝用也。至于爲人父。則以讒殺其子。開元末。明皇以武惠妃之譖。廢太子瑛。鄂王瑤。光王琚。皆爲庶人。尋賜死。爲人夫。則以嬖黜其妻。明王嬖武惠妃。廢王皇后。爲人君。則以非罪殄戮其臣下。明皇殺御史周子諒。是則不能克其類也。苟不能克其類。則爲善豈不出于利心哉。

以上論天理人心之正三長幼之序

大學衍義卷之八　終

愛人以德亦以禮

大學衍義卷之九

宋　學士　眞德秀　彙輯

明　史官　陳仁錫　評閱

格物致知之要一

明道術

天理人倫之正四 夫婦之別

禮記孔子侍坐於哀公哀公曰敢問人道孰爲大對曰古之爲政愛人爲大所以治愛人禮爲大所以治禮敬爲大敬之至矣大昏爲大大昏國君昏禮大昏既至冕而親迎親之也親之也者親之也是故君子興敬爲

親捨敬是遺親弗愛不親弗敬不正公曰冕而親迎不已重乎孔子愀然作色而對曰合二姓之好以繼先聖之後以爲天地宗廟社稷之主君何謂已重乎天地不合萬物不生大昏萬世之嗣也君何謂已重乎天地合而后萬物興焉夫昏禮萬世之始也取於異姓所以附遠厚別也

易曰正其本萬物理失之毫釐繆以千里故君子慎始也春秋之元（謂書元年元者始也）詩之關雎禮之冠昏易之乾坤皆慎始敬終云爾

臣按禮傳數條皆言昏姻之禮凡人皆所當知

國不蓄無益之臣美之不可已也如是夫

況人君處至尊之位其擇配也將以繼先聖之後爲天地宗廟社稷之主其可不味孔子之言以致謹重之意乎

易坤文言曰陰雖有美含之以從王事弗敢成也地道也妻道也臣道也地道無成而代有終也

臣按陽者天道也夫道也君道也陰者地道也妻道也臣道也故在天道則乾始之坤生之陽主歲功而陰佐陽以成歲在人道則夫主一家之事而妻佐之天子主天下之事諸侯主一國之事而后夫人佐之君臣亦然妻之與臣雖有

善美。舍而晦之。從其事而不敢尸其功。亦猶地道代天終物。而成功則歸之天也。詳玩此指。則爲人之妻者。其可以擅家之柄。爲人之臣者。其可以擅國之柄乎。書稱牝鷄之晨。惟家之索。又稱臣而作福作威玉食。則害于家。凶于國。其指一也。嗚呼。可不戒哉。

小畜。卦名。畜。止也。九三。輿說輻。夫妻反目。象曰。夫妻反目。不能正室也。

臣按程頤曰。三以陽爻居不得中。而密比於四。陰陽之情相求也。又暱比而不中。爲陰畜制者也。故不能前進，猶車輿說去輪輻，而不可行也。

陰受制於陽者也，而反制陽，如夫妻之反目也。

反目，謂怒目相視，不順其夫而反制之。未有夫不失道而妻能制之者也。三自處不以道，故四得制之，不使進，猶夫不能正其家室，故致反目。

也。臣觀自昔柔闇之主，若唐高宗受制于武氏，不足恠也。隋文刱業之君，而亦受制於獨孤，何哉？由自處之不正故耳。自處不正，然後妻得制之。頤之言可以爲永鑒也已。

歸妹。卦名。妹，少女之稱。歸，嫁也。此卦震上兌下。震長男，兌少女也，故曰歸妹。彖曰：歸妹，

天地之大義也天地不交則萬物不興歸妹人之終始也說以動所歸妹也征凶位不當也无攸利柔乘剛也

臣按歸妹卦體長男在上少女在下若得其正者然震動也兌說也故程頤謂以說而動未有不失正者又曰男女有尊卑之序夫婦有倡隨之禮此常理也苟不由常正之理徇情肆欲惟說是動則夫婦瀆亂男牽欲而失其剛婦狃說而忘其順如歸妹之乘剛是也所以凶無所往而利也夫陰陽之配合男女之交遇理之常也

然從欲而流放，不由義理，則淫邪無所不至，傷身敗德，豈人理哉？歸妹之所以凶也。臣謂乘者陵跨之謂，柔乘剛，婦乘夫，此逆理亂常之事，故聖人深以爲戒云。

記郊特牲：婦人從夫者也，幼從父兄，嫁從夫，夫死從子。夫也者，夫也，猶丈夫也。夫也者，以知帥人者也。知與智同。

家語孔子之書曰：女子者，順男子之教而長其理者也，是故無專制之義而有三從之道。

臣按：婦者，坤道也，故以柔順爲貴，而無專制之義；夫者，乾道也，故以剛健爲貴，而有帥人之智。

帥人者。謂其剛明果斷。可以統御乎人也。士大夫則統制一家。諸侯則統御一國。天子則統御天下。無二道也。爲婦而剛彊。則婦不婦矣。爲夫而柔弱。則夫不夫矣。夫也者。夫也。謂其當盡丈夫之道也。孟子謂無違夫子。以順爲正者。妾婦之道。至於居廣居。立正位。行大道。而富貴貧賤威武所不能移奪者。然後謂之大丈夫。於此可見夫與婦之分矣。

以上論天理人倫之正四

大禹謨曰。后克艱厥后。后。君也。艱。難也。臣克艱厥臣。政乃乂。

黎民敏德。

定公問一言而可以興邦。有諸。孔子對曰。言不可以若是其幾也。幾，期也。人之言曰。爲君難。爲臣不易。如知爲君之難也。不幾乎一言而興邦乎。曰。一言而喪邦有諸。孔子對曰。言不可以若是其幾也。人之言曰。予無樂乎爲君。唯其言而莫予違也。違，逆也。如其善而莫之違也。不亦善乎。如不善而莫之違也。不幾乎一言而喪邦乎。

臣按。大禹言君臣之道。蔽之以克艱之一言。可謂至矣。蓋以爲艱則存敬畏之心。以爲易則啓驕逸之志。此治亂安危之所自分也。孔子告定公之言其與大禹若出一揆萬世君臣之藥石也。言不可以若是其幾者。謂未可若是必期其効也。然知爲君之難。則邦必興。唯予言而莫敢違。則邦必喪。是又必然而可期者也。子思之告衛侯曰。君之國事將日非矣。君出言自以爲是而卿大夫莫敢矯其非。卿大夫出言自以爲是而士庶人莫敢議其非。此所謂唯予言而莫予違也。苟如是。未有不亡者。嗚呼。可不戒與。

益稷（虞書篇名）帝庸作歌曰。勑天之命。惟時惟幾。（勑，戒也。幾，微也。）

成于樂此帝庭之盛樂也

乃歌曰股肱喜哉元首起哉股肱謂臣元首謂君百工熙哉熙廣也皐陶拜手稽首颺言拜手首至手稽首首至地言盡敬于君大言而疾曰颺曰念哉率作興事率總率也慎乃憲憲法度也欽哉欽敬也屢省乃成欽哉乃賡載歌賡續也載歌也曰元首明哉股肱良哉庶事康哉又歌曰元首叢脞哉叢脞煩碎也股肱惰哉萬事隳哉隳壞也

臣按此章繫於命夔典樂之後蓋當是時治定功成禮樂大備和氣浹于天壤之間鳳儀獸舞有不召自至者帝舜則曰天命靡常可戒而不可恃也眞情所發見于歌詠唯時者謂無時而

喜字看得遠大

不戒也惟幾者謂無微而不戒也天道難諶理亂安危相爲倚伏斯須敬畏之不存則怠荒之所自起毫髮幾微之不察則禍亂之所自生帝將作歌先言所以歌之意也帝之意責成于臣故謂股肱喜然後元首起而百官之事熙焉喜謂樂於有爲起謂有所作典也皐陶之意則歸重于君謂事雖作于百官而總率作典者君也法度之已定者不可不謹守之事功之已成者不可不數省之守之不謹則定者壞省之不數則成者虧敬哉敬哉不可忽也此亦先言欲歌

之意也於是續成其歌曰元首明則股肱良而庶事康又歌曰元首煩碎則股肱惰而萬事隳範祖禹嘗論之曰君以知人爲明臣以任職爲良君知人則賢者得行其所學臣任職則不肖者不得苟容於朝此庶事所以康也若夫君行臣職則叢脞矣臣不任君之事則惰矣此萬事所以隳也斯言得之然帝之歌本爲勑天命而作君臣唱和乃無一語及天者修人事所以勑天命也後之人主宜深體焉

自克艱以下皆言君臣之道

洪範。周書篇名。箕子作也。惟辟作福。惟。獨也。辟。君也。福謂慶賞之類。惟辟作威。威謂刑罰之類。惟辟玉食。玉食。謂珍貴之食。臣無有作福作威玉食。臣之有作福作威玉食。其害于而家。凶于而國。而。汝也。人用側頗辟。人。謂有位之人。側頗辟。皆不平不正之意也。民用僭忒。僭。謂僭上。忒。差

臣按此箕子爲武王陳萬世君臣之大法也。福威者。上之所以御下。玉食者。下之所以奉上也。曰惟辟者。戒其權不可下移。曰無有者。戒其臣不可上僭也。夫君臣上下之分。如天冠地履之不可易。臣而福威則盜上柄矣。臣而玉食則僭

上之奉矣。大夫為此則害于家，諸侯為此則凶于國，臣民尤而効之亦將傾邪而妄作，僭忒而踰分矣。孟子所謂不奪不饜者，理固然也。或謂吳楚僭天子，魯之三家嘗僭諸侯，不聞其害與凶何邪？曰：惠廸吉，從逆凶，順乎道即吉，逆乎道則凶也。臣而僭上，即所謂害，即所謂凶也。況吳楚之篡殺相尋，而季孟之家臣繼叛，又非凶害而何。吁，洪範九疇，箕子受之大禹，大禹受之于天。片言隻辭莫非天理，而可違乎。以此坊民猶

有竊弄威福，如齊田氏選物上第，盡歸私室。如

漢董賢者

詩蘀兮。鄭國風刺忽也。昭公名君弱臣彊。不倡而和也。蘀兮蘀兮。風其吹女。叔兮伯兮。倡予和女。蘀兮蘀兮。風其漂女。漂猶飄也叔兮伯兮。倡予要女。要法也

臣按春秋傳。昭公之立。祭仲用事。所謂臣强者。指祭仲而言也。君尊臣卑。天下之定分。卑者宜弱而反强者。由尊者當强而反弱也。尊者何以弱。柔懦而不自立。怠惰而不自振。此其所以弱也。君既弱矣。威福之權。必有所歸。此臣之所以强也。君倡臣和。天下之常理。君既弱。不能司出

令之權而其臣自相倡和而不禀于君蘀兮蘀兮風其吹女諸大夫處强臣之中猶蘀之遇風危墜而不能自保也於是叔伯相語自爲倡和自結黨與以爲避禍之計蓋知上之不足賴也國勢至此所謂吾末如之何也已矣爲人君者其可不以乾健自勵也哉

狡童刺忽也不能與賢人圖事權臣擅命也彼狡童兮不與我言兮維子之故使我不能餐兮彼狡童兮不與我食兮維子之故使我不能息兮

臣按蘀兮之刺曰臣强而已至此則一國之權

盡歸祭仲生殺予奪仲得頷之其强又益甚矣
夫天下未嘗無賢雖權臣用事之時亦必有不
肯阿附者人君能即而圖之其勢猶有可圖之
理若齊之權在田氏而有晏嬰使景公能與晏嬰
圖之田氏未必能遂其簒國之志魯之權在季
氏而有子家羈使昭公能與子家羈圖之季氏未必
能成其逐君之謀二國之權不可以復收由二
臣之言不見于用也此詩蓋當時賢者所作賢
者不見遇於君而無自絕之意故雖不與言不
與食而幽憂憤切至于不能餐不能息焉其心

之忠厚何如哉使昭公能與斯人圖之必將有以處此而昭公莫之能也未幾祭仲得以竊廢立之權遂忽如棄梗置寘如易棋突厲公也其漸非一日矣先儒以目君狡童爲非禮臣以爲此發憤怒罵之辭辭雖不遜而其心則至惓惓也讀者毋以辭害意云

此泥於刺詩者安知非指權奸乎

孔子曰天下有道則禮樂征伐自天子出天下無道則禮樂征伐自諸侯出自諸侯出蓋十世希不失矣希少也自大夫出五世希不失矣陪臣執國命陪臣大夫之家臣三世希不失矣天下有道則政不在大夫天下有

道則庶人不議

臣按是時季氏以大夫而專魯國之政陽虎以家臣而專季氏之政孔子之言蓋傷之也天無二日國無二王尊無二上天下之事惟天子得專之故天下有道則禮樂征伐自天子出而諸侯不能干焉天下無道則天子不能有其柄而諸侯得以竊之矣諸侯猶不可專況大夫乎大夫猶不可專況家臣乎春秋之世齊晉秦楚迭主夏盟禮樂征伐不出于天子世變至是蓋可傷矣未幾而諸國大夫專權自用禮樂征伐又

不出於諸侯既而家臣竊弄而政令復不出於大夫名分陵夷舛逆日甚其可傷益甚焉然非道而得亦必以非道而失逆理愈甚則失之愈速故諸侯竊天子之柄少有十世而不失者自餘則或五世或三世少不失者以理言之大槩如此曷若三代盛時天子之下以至家臣各安其分歷數百年而無禍哉既又言天下有道則政不在大夫天下有道則庶人不議蓋是時諸侯之政多在大夫如魯之三家晉之六卿齊之田氏皆以人臣專國而國人公議皆所不與故

士大夫不知此義所以自存者危矣故曰君子安其身而后動

重言之以見政在大夫決非可久之道也自秦罷侯置守諸侯不得以擅天子之事宜若海內之勢歸於一尊而內重之勢成當國用事之臣又得以竊其柄如漢之莽操魏之師昭至于篡國莽之禍及其身操始三傳而司馬氏竊取之司馬氏再傳而諸王五胡兵難相尋去亡無幾質諸先聖之言殆若符契吁可戒哉

孔子曰祿之去公室五世矣政逮於大夫四世矣故夫三桓之子孫微矣三桓者季氏叔孫氏孟氏皆桓公之子故曰三桓

臣按此章專爲魯而言也魯自文公薨公子遂

殺子赤，立宣公。赤，嫡也。宣公，庶也。而君失其政，至此歷五公矣。自季孫宿專國政，歷四世至桓子，而爲陽虎所執。夫祿去公室而政歸大夫，大夫之埶宜益强也，而三家之子孫乃反微弱而不振，何邪？蓋以臣僭君者，逆理亂常之事，其能久乎？善乎先儒蘇軾之說曰：强生於安，安生於上下之分定。今諸侯大夫皆陵其上，則無以令其下矣，故皆不久而失之也。嗚呼，其亦可爲後世人臣顓國者之戒歟！

以上言君臣之名分雖嚴，而上下之交不

可無禮。故以君使臣之禮繼之

定公問君使臣。臣事君。如之何。孔子曰。君使臣以禮。臣事君以忠

臣按。君以敬待其臣。是之謂禮。臣以誠事其君。是謂之忠。二者皆職分所當然。非相爲僞也。然君使臣以禮。則臣事君以忠。亦理之必然也。意者定公之於使臣。容有未能盡禮者。故孔子以是告之。而語意渾然。又若非有爲而發者。此其所以爲聖人之言與

孟子告齊宣王曰。君之視臣如手足。視猶待也。則臣視

君如腹心，君之視臣如犬馬，則臣視君如國人；君之視臣如艸芥，則臣視君如寇讐。王曰：禮爲舊君有服，何如斯可爲服矣？曰：諫行言聽，膏澤下于民；有故而去，則君使人導之出疆，又先於其所往；去三年不反，反，還也。然後收其田里：此之謂三有禮焉。導之出疆，一也。先于其所往，二也。三年不反，然後收其田里，三也。如此則爲之服矣。今也爲臣，諫則不行，言則不聽，膏澤不下於民；有故而去，則君搏執之，謂拘繫之，不容去也。又極之於其所往；極，窮也。如晉錮欒盈，與諸侯盟勿受之，使其窮無所歸也。去之日，遂收其田里：此之謂寇讎。寇讎何服之有？

此亦非君子之言

臣按戰國之君以爵祿奔走士大夫無復遇臣之禮其臣亦懷利苟從無復事君之忠故孟子以此深警齊王也答魯穆公問於子思曰爲舊君反服古與子思曰古之君子進人以禮退人以禮故有舊君反服之禮也今之君子進人若將加諸膝退人若將墜諸淵毋爲戎首不亦善乎又何反服之有孟子之告齊王即子思之告穆公者也然其辭益峻切矣揆諸前章孔子之言可以見聖賢氣象之分雖然孟子爲齊王言則然也而所以自處則不然也千里見王不遇

故去而三宿出晝齊邑名未嘗有悻悻之心猶幸王之一寤而追已也曷嘗以忌讎視其君哉故曰孟子爲齊王言則然而所以自處則不然也

以上總言君臣交際之禮

明道術

天理人倫之正四君使臣之禮

鹿鳴詩小雅之篇名周文武時詩燕羣臣嘉賓也既飲食之又實幣帛筐篚以將其厚意然後忠臣嘉賓得盡其心矣

其一章曰呦呦鹿鳴呦呦和聲也食野之苹苹今蘋蒿也我有嘉賓鼓瑟吹笙笙瑟燕樂也吹笙鼓簧吹笙之時鼓笙中之簧承筐

是將筐篚屬所以行幣帛也承以藉之匪以貯之人之好我示我周行周行大道也

臣按詩之所謂嘉賓指群臣之與燕者也於朝則曰君臣於燕則曰賓主先王以禮使臣之厚也如此鹿食苹則相呼呦呦焉而樂君臣賓主之相樂亦猶是也夫君之資于臣主之資于賓果爲何事哉欲聞道義而已故飲食以享之琴瑟以樂之幣帛以將之則庶乎好愛我而示我以道矣夫賢者豈以幣帛飲食爲悅哉婚姻不備則正女不行禮樂不備則賢者不處故必如

是。然後示我以道焉。此詩凡三章。皆叙燕樂嘉賓之意。今姑摘首章以見先王之待其臣如此。士之死職宜矣。中庸曰。體群臣則士之報禮重。詎不信夫。

禮記曰。君子式黃髮。君子。謂人君也。人君乘車。有所敬則憑其軾。故武王式商容之閭。黃髮。老人也。下卿位。卿位。卿之朝位。君出過之而上車。入未至而下車。

臣按。式黃髮所以敬老。下卿位所以尊賢。古者不卑其臣也如此。漢世待宰相。御坐爲起。在輿爲下。或其遺意與。

國君不名。卿老世婦。卿老。上卿也。上卿貴。故曰卿老。世婦。兩媵也。

臣按國君之貴卿老世婦皆其臣妾而不名之所以示敬也漢世待大臣之有勳德者贊拜不名意本如此

五官之長曰伯謂為三公者其擯於天子曰天子之吏擯相之辭天子同姓謂之伯父異姓謂之伯舅稱之以父與舅親親之辭也九州之長入天子之國曰牧每一州之中天子選諸侯之賢者以為之牧也天子同姓謂之叔父異姓謂之叔舅

臣按古者天子待公侯之禮親之尊之至于如此眡後世有間矣

禮記卿大夫疾君問之無筭言屢往無數也士壹問之君于

卿大夫比葬不食肉，比卒哭不舉樂；爲士比殯不舉樂。比，及也。卒哭，葬後之祭。殯，斂也。

儀禮：坐撫當心要節而踊。此君臨臣喪之儀。撫，謂撫其尸也。

春秋傳：晉荀盈卒，未葬，晉侯飲酒樂，膳宰屠蒯趨入，曰：君之卿佐，是謂股肱。股肱或虧，何痛如之。

臣按：古者君視臣如手足，故其疾也憂之至焉，其死也卹之至焉。禮記而下三條，可見其略。而鄉黨亦有君視臣疾之文，曰東首，加朝服，拖紳，則疾而見君之禮也。衛有太史柳莊，社稷之臣也，獻公聞之死，釋祭而弔之。荀盈未葬而晉侯飲樂則屠剸以爲譏。世降春秋，閒愛且敬猶若此。三代之盛從可知矣。古道既淪，斯禮掃地。然唐太宗之於房、杜、魏三臣，其疾也憂惻之，其亡也愍悼之，極君臣終始之遇。杜如晦疾篤，上自臨視。既薨，上每得佳物，輒思如晦。遣賜其家。久之，語及如晦，必流涕。後忽夢如晦若平生。勅所御饌往祭。房玄齡疾篤，上令肩輿上殿。至御座側乃下。相對流涕。因留宮中。小愈則喜形于色，加極則憂悴。病篤，上自臨視，握手與訣，悲不自勝。魏徵寢疾，上與太子同至其第。撫之流涕。問所欲言。後數日，上夢徵若平生。及旦而奏徵薨。而於張公謹之歿，雖辰日不爲之輟哭。視古蓋庶幾焉。太宗亦賢矣哉

漢文帝時，賈誼上疏曰：人主之尊譬如堂，群臣如陛，

衆庶如地。故陛九級上，廉遠地則堂高。級，等也。廉，則隅也。陛亡級，廉近地則堂卑。高者難攀，卑者易陵，理勢然也。故古者聖王制爲等列，內有公卿大夫士，外有公侯伯子男，然後有官師小吏，延及庶民，等級分明，而天子加焉，故其尊不可及也。里諺曰：欲投鼠而忌器。此善諭也。鼠近於器，尚憚不投，恐傷其器，況貴臣之近主乎。廉恥禮節以治君子，故有賜死而無戮辱。是以黥劓之辠不及大夫，以其離主上不遠也。禮不敢齒君之路馬，蹵其芻者有罰；見君之几杖則起，遭君之乘車則下，入門則趨。君之寵臣雖有過，刑戮之辠不加其身者尊君之故也此所以為主上豫遠不敬也所以體貌大臣而厲其節也今自王侯三公之貴皆天子之所改容而禮之也古天子之所謂伯父伯舅也而令與衆庶同黥劓髠刖笞傌（音罵）棄市之法然則堂不無陛乎廉耻不行大臣無迺握重權大官而有徒隸無耻之心乎又曰主上遇其大臣如遇犬馬彼將犬馬自為也頑頓（音鈍）無耻集（音緝正作集）詬無節（集詬謂無志分也）廉耻不立且不自好苟若而可故見利則逝見便則奪主上有敗則因而挻（扇平取也）之矣主上有患則吾苟免而已立而觀之耳有便吾身者則欺賣而利

之耳。人主將何便於此。又曰。古者大臣有坐不廉而廢者。不謂不廉。曰簠簋不飾。坐汙穢淫亂。男女無别者。不曰汙穢。曰帷薄不脩。坐罷（音疲）軟不勝任者。不謂罷軟。曰下官不職。故貴大臣定有其辠矣。猶未斥然正以謼（音呼）之也。尚遷就而爲之諱也。遇之有禮。故群臣自憙。（音喜去聲）嬰以廉耻。故人矜節行。上設廉耻禮義以遇其臣。而臣不以節行報其上者。則非人類也。故化成俗定。則爲人臣者。主耳忘身。國耳忘家。公耳忘私。利不苟就。害不苟去。唯義所在。上之化也。故父兄之臣。誠死宗廟。法度之臣。誠死社稷。輔翼之臣。誠死君上守圉扞敵之臣，誠死城郭。故曰：聖人有金城者，此物此志也。彼且為我死，故吾得與之俱生；彼且為我亡，故吾得與之俱存；夫將為我危，故吾得與之皆安。顧行而忘利，守節而伏義，故可以託不御之權，可以寄六尺之孤。此厲廉耻、行禮謚之所致也。

臣按：臯陶賡歌而舜拜之，益進昌言而禹拜之，周公獻卜而成王拜之。古者聖帝明王以禮遇其臣者蓋若此。自秦而後，尊君卑臣之禮日以益甚。於是君之於臣，直謂名位足以牢籠之，祿利足以鼓舞之，臣不能無求於我，而我可以無藉于臣。君亢然自尊於上。如天地神明之不可親。臣退焉自卑于下。如僕隸趨走之唯恐後。上下之情以乖隔。而亂亡之禍至。易之所謂上下不交。而天下無邦者也。故因孔子使臣以禮之言。上引周詩。下及賈誼之論。以見君之待臣。不可不以禮云。

以上論天理人倫之正四

大學衍義卷之九終

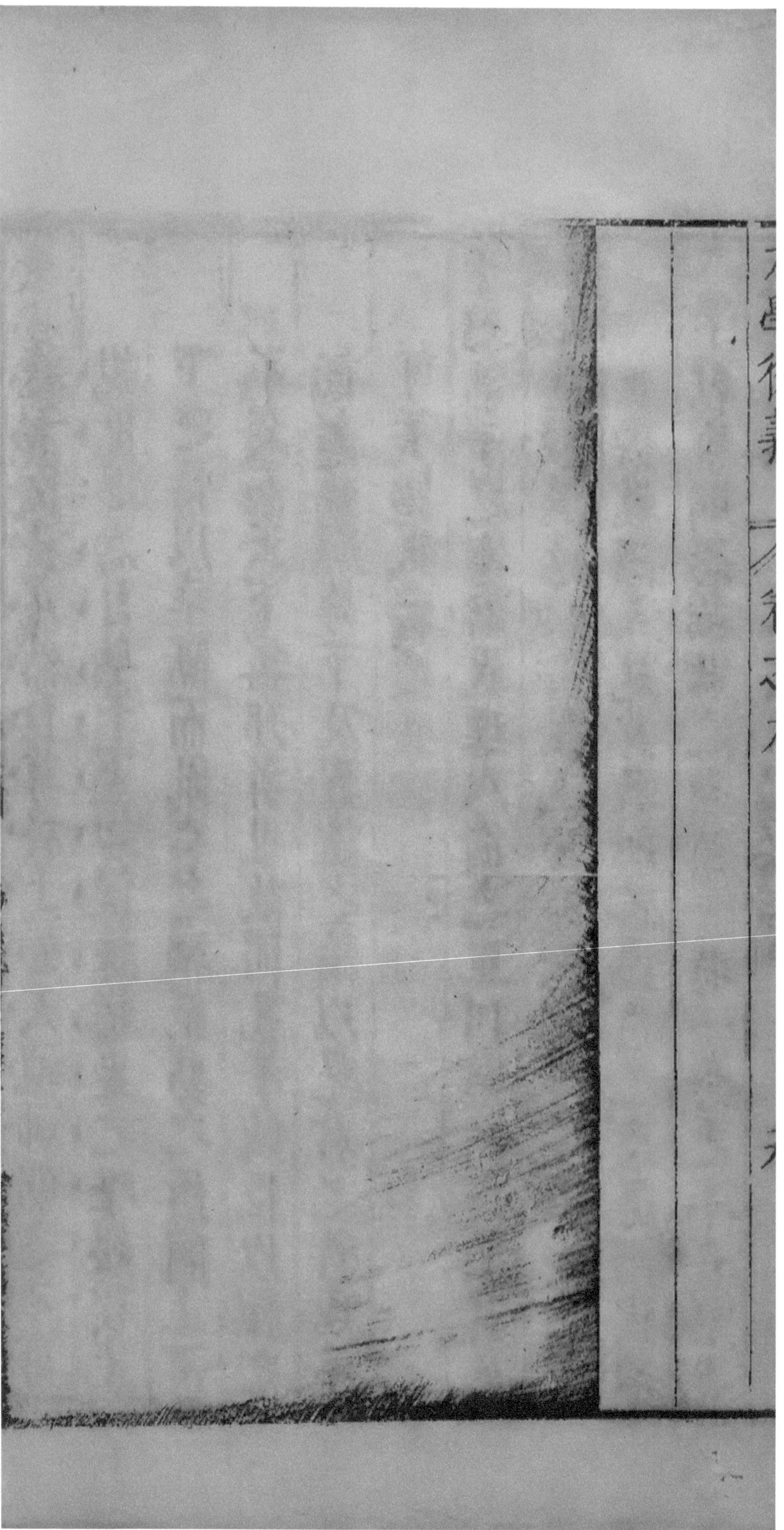

大學衍義卷之十

宋　學士　眞德秀　彙輯
明　史官　陳仁錫　評閱

格物致知之要一

明道術

天理人倫之正四　臣事君之忠

子曰君子之事君也進思盡忠退思補過將順其美。將猶承也　匡救其惡也　匡正也　故上下能相親

臣按進謂入見其君則思盡己之忠退謂出適私室則思補君之過無一時一念之不在君也

意者勿欺之道虧乎

有善焉承順之使之益進於善有惡焉正救之使之潛銷其惡此愛君之至者也臣以忠愛而親其君君亦諒其忠愛而親之非古昔盛時臣主俱賢無此氣象也後世人臣有盡其忠愛而君反以爲仇者吁可歎哉

子路問事君子曰勿欺也而犯之犯者犯顏之謂非陵犯之犯也

臣按僞言不直謂之欺直言無隱謂之犯欺與犯正相反故夫子之告子路使勿欺而犯之以全其事君之直戒其欺君之僞也禮記謂事君有犯而無隱與此略同

子曰所謂大臣者以道事君不可則止

臣按道者正理也大臣以正理事君君之所行有不合正理者必規之拂之不苟從也道有不合則去之不苟留也或謂不合則去毋乃非愛君之意乎曰此所以爲愛君也君臣之交蓋以道合非利之也道不合而弗去則有苟焉徇利之志是使君輕視其臣謂可以利籠絡之也君而輕視其臣何所不至惟大臣者能以道爲去就足以起其君敬畏之心敬畏之心存而後能適道臣故謂不合而去乃所以爲愛君也

孟子將朝王（齊宣王也）王使人來曰寡人如就見者也有寒疾不可以風朝將視朝不識可使寡人得見乎對曰不幸而有疾不能造朝明日出弔於東郭氏（東郭氏齊大夫其家有喪故孟子弔之）公孫丑（孟子弟子）曰昔者辭以病今日弔或者不可乎曰昔者疾今日愈如之何不弔王使人問疾醫來孟仲子（孟子之從昆弟學於孟子者也）對曰昔者有王命有采薪之憂（古者有疾自稱曰不能采薪謙辭也）不能造朝今病小愈趨造於朝我不識能至否乎使數人要於路曰請必無歸而造於朝不得已而之景丑氏宿焉（景丑氏齊大夫）景子（即景丑氏）曰內則父子外則君臣人之大倫也父子主

以賓師之禮自處正是堯舜之道

恩。君臣主敬。吾見王之敬子也。未見所以敬王也。曰孟子言惡。歎辭是何言也。齊人無以仁義與王言者。豈以仁義爲不美也。其心曰。是何足與言仁義也。云爾。則不敬莫大乎是。我非堯舜之道。不敢陳于王前。故齊人莫如我敬王也

臣按。孟子是時在賓師之位。故其君有就見之禮。宣王託疾而要其朝。敬賢之心不篤。故孟子亦託疾而不往也。景子但知聞命奔走爲敬其君。不知以堯舜之道告其君者。乃敬之大者也。僕隸之臣。唯唯承命。外若敬其君。然心實薄之。

曰是何足與言仁義此不敬之大者也齊人之敬君以貌孟子之敬君以心故曰齊人莫如我敬王也

其臣不能則自賊

孟子曰責難於君謂之恭陳善閉邪謂之敬吾君不能謂之賊

范祖禹曰人臣以難事責於君使其君爲堯舜之君者尊君之大也開陳善道以禁閉君之邪心唯恐其君或陷於有過之地者敬君之至也謂其君不能行善道而不以告者賊害其君者也

孟子曰人不足與適也適音讁義亦同政不足閒也閒猶非也惟

正其心則人政皆在莫不正之中上治無形此謂大人

大人爲能格君心之非。格至也 君仁莫不仁。君義莫不義。君正莫不正。一正君而國定矣

臣按程頤曰天下之治亂繫乎人君之仁不仁耳心之非即害于政不待乎發之于外昔者孟子三見齊王而不言事曰我先攻其邪心心既正而後天下之事可得而理也夫政事之失用人之非知者能更之直者能諫之然非心存焉則事事而更之後復有其事將不勝其更矣人人而去之後復用其人將不勝其去矣是以輔相之職必在乎格君心之非然後無所不正而

欲格君心之非者。非有大人之德。則亦莫之能也。而故侍講張栻亦曰。格之爲言感通至到也。書曰。格于上帝。蓋君心之非。不可以氣力勝。必也感通至到。而使之自消靡焉。所謂格也。臣謂頤栻之言。深得孟子本指。故略著于此云

孟子曰。君子之事君也。務引其君以當道。志于仁而已。

臣按孟子此言。蓋謂事君者不在用兵廣地。而在于善其君之身心。當道。謂其動合于理也。志仁。謂心在于仁也。君之所行皆合乎理。而其心

常在於仁，則雖土地之狹，不害於興，湯文所以由七十里百里而王天下也。君之所行不合乎理，而其心不在於仁，則雖土地之廣，不能保其有，楚之所以六千里而爲讎人役也。然道之與仁，非有二也。以事之理而言，則曰道；以心之德而言，則曰仁。孟子告齊梁諸君，一曰仁，二曰仁，正欲其志於此也。心存於仁，則其行無不合道矣。事君者其可不知此

春秋傳：齊景公至自田，晏子侍。晏子，名嬰，字平仲，齊之賢大夫。子猶馳至造焉。子猶，梁丘據也。齊嬖臣，字子猶。公曰：唯據與我和夫。晏子

對曰。據亦同也。焉得爲和。公曰。和與同異乎。對曰。異。和如羹焉。水火醯醢鹽梅。以亨魚肉。亨與烹同。言用六物煑魚肉以爲食也。燀之以薪。燀音戰。燀猶然也。宰夫和之。和去聲。和調也。以洩其過。言洩去其味之過者。君子食之。以平其心。君臣亦然。君所謂可。而有否焉。臣獻其否以成其可。君所謂否而有可焉。臣獻其可以去其否。是以政平而不干。民無爭心。故詩曰。亦有和羹。既戒且平。鬷假無言。鬷總也。假大也。時靡有爭。此商頌烈祖之篇。本言祭事。晏子引之以爲如和羹之既戒備。既均平。則揔大政不待于言。而時人自無爭者。今據不然。君所曰可。據亦曰可。君所曰否。據亦曰否。若以水濟水。誰能食之。言只用水。而不以醯醢鹽梅和之。則不可食也。

若琴瑟之專一誰能聽之琴瑟皆樂也必有五音十二律然後聲和而可聽若專用一音一律則不可聽矣同之不可也如是

臣按古者盛時明良會聚不惟都俞而有吁咈焉曰都曰俞者相可之謂也曰吁曰咈者相否之謂也惟其可否相濟所以爲唐虞之治衛侯言事自以爲是而羣臣和之若出一口所以致亂亡也後之人主有所欲爲率惡人之已異曰此沮吾之事也不知以否濟可乃所以成吾事而何沮之云惟斟酌劑量於可否之間如和羹然期于適口而已則其異也乃所以爲同而其

忤也。適以為順。吁。人主於晏子之言。可不深味也哉。

漢汲黯為主爵都尉。列于九卿。其諫犯主之顏色。上方招文學儒者。上漢武帝也。上曰。吾欲云云。言欲施仁義也。黯對曰。陛下內多欲而外施仁義。奈何欲効唐虞之治乎。上怒變色而罷朝。公卿皆為黯懼。上退謂人曰。甚矣汲黯之戇也。戇謂愚直也。羣臣或數黯。數責也。謂責其太直。黯曰。天子置公卿輔弼之臣。寧令從諛承意。陷主于不誼乎。且已在其位。縱愛身。奈辱朝廷何。黯病。嚴助為請告。嚴助亦時近官。上曰。汲黯何時人也。曰。使黯任職居官。亡以瘉人。瘉與愈同。勝也。然至其輔少主守成。雖自謂賁育。弗能奪也。孟賁。夏育。古勇士也。上曰。然。古有社稷之臣。如汲黯近之矣。

臣按。人臣之義。以忠直爲本。故上取孔孟之言。下迄汲黯之事。欲人君知盡言極論者。乃所以爲尊君爲親上。不惟容之。而又當用之也。從諛承意者。乃所以爲欺君爲嫚上。不惟察之。而又當遠之也。汲黯之直。武帝以爲近于古社稷臣。而卒不能用。公孫弘輩乃寵任始終焉。蓋帝之心以佞邪爲適己。而不知其益己之疾也。以忠

直爲拂巳而不知其成巳之德也臣故著此以爲來者之戒

以上論天理人倫之正四

明道術

天理人倫之正五朋友之交

伐木亦小雅篇名周文武時詩燕朋友故舊則作之燕朋友故舊也自天子至于庶人未有不須友以成者須待也親親以睦此一語指上篇常棣而言友賢不棄不遺故舊則民德歸厚矣其一章曰伐木丁丁伐木相應之聲鳥鳴嚶嚶鳥鳴相和之聲出自幽谷遷于喬木喬高也嚶其鳴矣求其友聲相彼鳥矣相視也猶

求友聲矧伊人矣不求友生神之聽之終和且平

臣按鹿鳴之詩曰燕羣臣嘉賓是以臣爲賓也伐木之詩曰燕朋友故舊是以臣爲友也以臣爲賓敬已至矣以臣爲友敬益至焉故序者謂雖天子必須友以成得其指矣伐木非獨力而成故曰丁丁以其聲之相應也鳥非獨鳴而和故曰嚶嚶以其聲之相求也伐木微事且猶相應人其可無友乎鳴鳥微類且猶相求人其可無友乎友之相須其重如此故質之神明欲其有和平而無乖戾也玩其詩止見爲人之求友

而不見爲君之求臣蓋先王樂道忘勢但知有朋友相須之義而不見有君臣相陵之分故也詩凡三章皆言燕樂之義二章曰既有肥羜以速諸父又曰既有肥牡以速諸舅諸父者朋友之同姓而尊者也諸舅者朋友之異姓而尊者也三章曰籩豆有踐兄弟無遠兄弟者朋友之同儕者也夫以天子之貴而尊其友曰父曰舅親其友曰弟曰兄此其爲尊德樂道之至也夫此其所以爲有周之盛也夫

萬章問曰萬章孟子弟子敢問友孟子曰不挾長挾謂持也長謂年也

不挾貴（貴謂名位之尊）不挾兄弟而友友也者友其德也不
可以有挾也孟獻子百乘之家也（孟獻子魯賢大夫仲孫蔑也百乘之
家謂大夫食邑可出車百乘）有友五人焉樂正裘牧仲（二賢人名）其三
人則予忘之矣獻子之與此五人者友也無獻子之
家者也此五人者亦有獻子之家則不與之友矣非
惟百乘之家爲然也雖小國之君亦有之費惠公曰
（費小國也惠謚）吾與子思則師之矣（子思孔伋之字）吾於顏般則友
之矣王順長息則事我者也（顏般王順長息皆賢人名）非惟小國
之君爲然也雖大國之君亦有之晉平公之於亥唐
也（平公晉君亥唐賢臣）入云則入坐云則坐食云則食（此言平公造之）

唐言入。公乃入。餘同雖疏食菜羹。未嘗不飽。蓋不敢不飽也。唐設食而公飽之也然終于此而巳矣。終于此。謂其止如是弗與共天位也。弗與治天職也。弗與食天祿也。士之尊賢者也。非王公之尊賢也。舜尚見帝。尚。上也帝館甥于貳室。亦饗舜。迭爲賓主。館。舍也。禮。妻父曰外舅。謂我舅者。吾謂之甥。堯以女妻舜。故謂之甥。貳室。副宮也。堯舍舜于副宮。而就饗其食是天子而友匹夫也。用下敬上。謂之貴貴。用上敬下。謂之尊賢。貴貴尊賢。其義一也

臣按。孟子謂自天子至大夫。皆有友賢之義。然知友賢而未知用賢。則猶未也。蓋位者天位。所以處賢者也。職者天職。所以命賢者也。祿者天

祿所以養賢者也三者皆天所以待賢人使治天民者也而晉平公之于亥唐特虛尊之而已未嘗處之以位命之于職食之以祿也此豈王公尊賢之道哉必如堯之于舜然後爲盡友賢之道矣夫貴貴尊賢其理本一然戰國之世人但知貴貴而不復知尊賢故孟子歷叙友賢之事而終欲以堯爲法焉以堯之聖猶賴友以自輔而尊之如此則伐木求友之義信雖天子不可忘也

萬章問曰庶人召之役則往役君欲見之召之則不

往見之何也曰往役義也往見不義也往役者庶人之職不往見者士之禮且君之欲見之也何爲也哉曰爲其多聞也爲其賢也曰爲其多聞也則天子不召師而況諸侯乎爲其賢也吾未聞欲見賢而召之也繆公亟見于子思曰繆公魯君亟數也古千乘之國以友士何如子思不悅曰古之人有言曰事之云乎豈曰友之云乎子思之不悅也豈不曰以位則子君也我臣也何敢與君友也以德則子事我者也奚可以與我友千乘之君求與之友而不可得也而況可召與

臣按孟子此章又明賢者以道自重諸侯不得

而友之義

天下有達尊三。爵一。齒一。德一。朝廷莫如爵。鄉黨莫如齒。輔世長民莫如德。惡得有其一以慢其二哉。故將大有為之君。必有所不召之臣。欲有謀焉則就之。其尊德樂道。不如是不足與有為也。故湯之于伊尹。學焉而後臣之。故不勞而王。桓公之于管仲。桓公。齊君。管仲。齊相。學焉而後臣之。故不勞而霸。先就學。師之也。後以為臣。任之也。今天下地醜德齊。醜。類也。莫能相尚。無他。好臣其所教。所教。謂聽從于已者。而不好臣其所受教。所受教。已之所從受教者。湯之于伊尹。桓公之于管仲。則不敢召。管仲且猶不可召。而況

不爲管仲者乎。管仲，伯者之佐，猶不可召。孟子學王道者也，其可召乎

學記禮記篇名君之所不臣於其臣者二：當其爲尸，則弗臣也；尸，祭主也。說已見前當其爲師，則弗臣也。大學之禮，雖詔於天子無北面，所以尊師也。詔，告也。非面，臣禮。爲師弗臣，故無北面

臣按：此二條，又明王者有師臣之義，不特友之而已。湯之于伊尹，文、武之于太公望，成王之于周公，皆師之者也。故仲虺之誥曰「能自得師者王」，而傳亦有師臣、友臣、僕臣之別焉。後世之君，其能友臣者已不多得，惟漢高帝之于子房，光武之于嚴子陵，昭烈之于孔明，庶幾近之。若漢

明章。雖以師禮待其臣。然所傳者特章句之業。非三王四代之所謂師也。至于僕隸之臣。諾諾唯唯。則無世不有。君日以驕。臣日以諂。此所以多亂而鮮治也歟

以上論天理人倫之正五

大學衍義卷之十終

大學衍義卷之十一

宋 學士 眞德秀 彙輯

明 史官 陳仁錫 評閱

格物致知之要

明道術

吾道源流之正

堯曰咨爾舜天之歷數在爾躬允執其中舜亦以命禹。

曰曆數則中之義顯然而數即理也匪獨易也

湯建中于民。

孟子曰湯執中。

臣按堯舜禹湯數聖相傳惟一中道中者何其命出於天地民受之以生者也其理散於事事物物之間莫不有當然一定之則不可過不可不及是所謂中也聖人迭興以此爲制治之凖的曰執者操之以揆事也曰建者立之以範民也其體則極天理之正是名大中其用則酌時措之宜是名時中聖賢傳授道統此其首見於經者然必於危微精一用其功然後有以爲執中之本惟

聖明參玩焉見前第五卷 此章書言中

惟敷錫厥民所以爲皇極

洪範。周書篇名。五皇極。洪範九疇皇極居五。皇君也。極至也。皇建其有極。斂時五福。五福壽富康寧攸好德考終命也。用敷錫厥庶民。敷布也。錫與也。庶衆也。惟時厥庶民于汝極。錫汝保極。凡厥庶民無有淫朋。淫邪也。朋朋黨也。人無有比德。比謂私相比附。惟皇作極。凡厥庶民有猷。有謀慮者。有爲。有施設者。有守。有操守者。汝則念之。不協于極。協合也。不罹于咎。罹遭也。皇則受之。而康而色。曰予攸好德。汝則錫之福。時人斯其惟皇之極。無虐煢獨而畏高明。煢獨謂民之微賤者。高明有位之尊顯者。人之有能有爲。使羞其行。羞進也。而邦其昌。凡厥正人。既富方穀。穀善也。汝弗能使有好于而家。時人斯其辜。辜罪也。于其無好德。汝雖錫之福其作汝用咎咎過也無偏無陂偏不中也陂不平也遵王之義無有作好遵王之道無有作惡遵王之路無偏無黨黨不公也王道蕩蕩蕩蕩廣遠也無黨無偏王道平平平平平易也無反無側反反常也側不平也王道正直正直不偏邪也會其有極歸其有極會合而來也歸來而至也曰皇極之敷言是彝是訓敷衍也於帝其訓帝天也凡厥庶民極之敷言是訓是行以近天子之光曰天子作民父母以爲天下王

朱熹曰洛書九數而五居中洪範九疇而皇極居五自漢孔氏訓皇極爲大中諸儒皆祖其說獨嘗以經之文義語脉求之而知其必不然也蓋皇者

君之稱也極者至極之義標準之名常在物之中央而四外望之以取正者也故以極爲在中之凖的則可而訓極爲中則不可若北辰之爲天極脊棟之爲屋極其義皆然而禮所謂民極詩所謂四方之極者於皇極之義爲尤近顧今之說者旣誤於此而幷失于彼是以其説展轉迷謬而終不能以自明也即如舊說姑亦無問其他但即經文而讀皇爲大讀極爲中則夫所謂惟大作中大則受之爲何等語乎今以余說推之則人君以一身履至尊之位四方輻湊面內而環觀之自東而望者

不過此而西也自南而望者不過此而非也此天下之至中既居天下之至中則必有天下之絕德而後可以立至極之標準故必順五行敬五事以脩其身厚八政協五紀以齊其政然後至極之標準卓然有以立乎天下之至中使夫面內而環觀者莫不於是而取則焉語其仁則極天下之仁而天下之爲仁者莫能加語其孝則極天下之孝而天下之爲孝者莫能尚是則所謂皇極者也由是而權之以三德審之以卜筮驗其休咎於天考其禍福于人如挈裘領豈有一毛之不順哉此洛書

君民摠一至善之極故能相爲錫也

之數所以雖始於一終於九而必以五居其中洪範之疇所以雖本於五行而究於福極而必以皇極爲之主也若箕子之言有曰皇建其有極云者謂人君以其一身而立至極之標準于天下也其曰斂時五福用敷錫厥庶民者謂人君能建其極則爲五福之所聚而又有以使民觀感而化焉則是又能布此福而與其民也其曰惟時厥庶民于汝極錫汝保極云者則謂民視君以爲至極之標準而從其化則是復以此福還錫其君而使之長爲至極之標準也其曰凡厥庶民無有淫朋人無

有比德惟皇作極云者則言民之所以能有是德者皆君之德有以爲至極之標準也其曰凡厥庶民有猷有爲有守汝則念之不協于極不罹于咎皇則受之云者則言君既立極於上而下之從化或有淺深遲速之不同其有謀者有才者有德者人君固當念之而不忘其或未能盡合而未抵乎大戾者亦當受之而不拒也其曰而康而色曰予攸好德汝則錫之福時人斯其惟皇之極云者則謂人之有能革面從君而以好德自名則雖未必出於中心之實人君亦當因其自名而與之以善

則是人者亦得以君爲極而勉其實也。其曰。無虐煢獨而畏高明。人之有能有爲。使羞其行而邦其昌云者。則謂君之於民。一視同仁。凡有才能皆使進善。則人材衆多。而國賴以興也。其曰。凡厥正人既富方穀。汝弗能使有好于而家。時人斯其辜。于其無好德。汝雖錫之福。其作汝用咎云者。則謂凡欲正人者。必先有以富之。然後可以納之于善。若不能有所賴於其家。則此人必將陷於不義。至其無復更有好德之心。而後姑欲教之於脩身勸之以求福則已無及於事而其起以報汝唯有惡而無善矣蓋人之氣禀或清或濁或純或駁有不可以一律齊者是以聖人所以立極于上者至嚴至密而所以接引于下者至寬至廣雖彼之所以化於此者淺深遲速其效或有不同而吾之所以應於彼者長養涵育其心未嘗不一也其曰無偏無陂至于歸其有極云者則謂天下之人皆不敢徇其巳私以從乎上之化而會歸乎至極之標準也蓋偏陂好惡者巳私之生于心者也偏黨反側者巳私之見于事者也王之義王之道王之路上之化也所謂皇極者也遵義遵道遵路方會其極也

蕩蕩平平正直則已歸于極矣其曰皇極之敷言是彝是訓于帝其訓云者則言人君以身立極而布令于下則其所以爲常爲教者皆天之理而不異乎上帝之降衷也其曰凡厥庶民極之敷言是訓是行以近天子之光云者則謂天下之人於君所命皆能受其教而謹行之則是能不自絕遠而有以被其道德之光華也其曰天子作民父母以爲天下王云者則謂人君能立至極之標準所以作億兆之父母而爲天下之王不然則有其位無其德不足以首出庶物而履天下之極尊矣是書

過猶不及正此解過不及之間豈有中乎

也。原於天之錫禹。雖其茫昧幽眇。有不可得而知者。然箕子之所以告武王者。則已備矣。顧其辭之宏深奧雅。若有未易言者。然常虛心平氣。而再三反復焉。則亦坦然明白。而無一字之可疑。但先儒不察乎人君所以脩身立道之本。是以誤訓皇極作大中。又見其詞多爲含容寬大之言。因復認中爲含糊苟且。不分善惡之意。殊不知極雖居中。而非有取乎中之義。且中之爲義。又以其無過不及。至精至當。而無有毫釐之差。亦非如其所指之云也。乃以誤認之中。爲誤訓之極。不謹乎至嚴至密

君必防其漸故推究至此

之體。而務爲至寬至廣之量。其弊將使人君不知脩身以立政。而墮于漢元帝之優游。唐代宗之姑息。卒至于是非顛倒。賢否貿亂。而禍敗隨之。尚何斂福錫民之可望哉。

臣按。洪範之書。自漢儒以皇極爲大中。後人因之不敢輒議。而箕子之本指。於是湮晦者數千載矣。朱熹以其深造自得之學。始以人君立至極之標準爲言。使有天下者。知其身在民上。凡脩身立政。必極其至。然後有以稱其至尊至極之位。雖箕子復生。不易斯言矣。以其關乎聖學

之正傳君道之大體。故備其文而不敢殺。庶以備

觀覽云。

此章書言皇極

顏淵問仁。子曰。克己復禮爲仁。克勝也。己謂身之私欲也。復反也。一日克己復禮。天下歸仁焉。爲仁由己。而由人乎哉。顏淵曰。請問其目。目條目也。子曰。非禮勿視。非禮勿聽。非禮勿言。非禮勿動。顏淵曰。回雖不敏。請事斯語矣。

程頤曰。非禮處便是私意。既是私意。如何得仁。須是克盡己私。皆歸於禮。方始是仁。又曰。克己復禮。則事事皆仁。故曰。天下歸仁

謝良佐曰克已須從性偏難克處克將去

朱熹曰仁者本心之全德已謂身之私欲禮者天理之節文爲仁者所以全其心之德也葢心之全德莫非天理而亦不能不壞於人欲故爲仁者必有以勝私欲而復于禮則事皆天理而本心之德復全於我矣

又曰顔淵聞夫子之言則於天理人欲之際已判然矣故不復有所疑問而直請其條目也非禮者已之欲也勿者禁止之辭是人心所以爲主而勝私復禮之機也私勝則動容周旋無不中禮而日

用之間。無非天理之流行矣。事如事事之事。請事斯語。顏子默識其理。又自知其力有以勝之。故直以爲已任而不疑也

程子曰。顏子問克己復禮之目。子曰。非禮勿視。非禮勿聽。非禮勿言。非禮勿動。四者身之用也。由乎中而應乎外。制於外所以養其中也。顏淵事斯語所以進于聖人。學者宜服膺而勿失也。因箴以自警。　視箴曰。心兮本虛。應物無迹。操之有要。視爲之則。蔽交于前。其中則遷。制之於外。以安其內。克己復禮。久而誠矣　聽箴曰。人有秉彝。本乎天性。

知誘物化遂亡其正卓彼先覺知止有定閑邪存誠非禮勿聽 言箴曰人心之動因言以宣發禁躁妄內斯靜專矧是樞機興戎出好吉凶榮辱惟其所召傷易則誕傷煩則支己肆物忤出悖來違非法不道欽哉訓辭。 動箴曰哲人知幾誠之於思志士勵行守之於爲順理則裕從欲惟危造次克念戰兢自持習與性成聖賢同歸此章問答乃傳授心法切要之言非至明無以察其幾非至健無以致其決故惟顏子得聞之而凡學者亦不可以不勉也程子之箴發明親切學者尤宜深玩。

或問顔淵問仁而夫子告之以此何也朱熹曰人受天地之中以生而仁義禮智之性具於其心仁雖專主於愛而實爲本心之全德禮則專主於敬而實爲天理之節文也然人有是身則耳目口體之間不能無私欲之累以違於禮而害夫仁則自其一身莫適爲主而事物之間顛倒錯亂無所不至矣此聖門之學所以汲汲於求仁而顔子之問夫子特以克己復禮告之蓋欲其克去有己之私欲而復于天理之本然則夫本心之全德將不離乎此而無不盡也

又曰。己者。人欲之私也。禮者。天理之公也。一心之中。二者不容並立。而其相去之間。不能以毫髮。出乎此則入乎彼。出乎彼則入乎此。是其克與不克。復與不復。如手反覆。如臂屈伸。誠欲爲之。其機固亦在我而已。夫豈他人所得與音預哉

又曰。非禮而勿視聽者。防其自外入。而動於內也。非禮而勿言動者。謹其自內出而接於外也。內外並進爲仁之功。不遺餘力矣。然熟味聖言以求顏子之所用力。其機特在勿與不勿之間而已。自是而反。則爲天理。自是而流。則爲人欲。自是而克念。

則爲聖。自是而罔念。則爲狂。特毫忽之間耳。學者其可不謹其所擇哉

又曰。性情之德。無所不備。而一言足以盡其妙。曰仁而已。所以求仁者。蓋亦多術。而一言足以舉其要。曰。克己復禮而已。蓋仁也者。天地所以生物之心。而人所得以爲心者也。惟其得夫天地生物之心以爲心。是以未發之前。四德具焉。曰仁義禮智。而仁無不統。已發之際。四端著焉。曰惻隱羞惡辭遜是非。而惻隱之心。無所不通。此仁之體用所以涵育渾全。周流貫徹。專一心之妙。而爲衆善之長

也然人有是身則有耳目鼻口四肢之欲而或不能無害夫仁人而不仁則其所以滅天理窮人欲者將無所不至此君子之學所以汲汲於求仁而求仁之要亦曰去其所以害仁者而已蓋非禮而視人欲之害仁也非禮而聽人欲之害仁也非禮而言且動焉人欲之害仁也知人欲之所以害仁者在是於是有以拔其本塞其原克之克之而又克之以至于一旦豁然欲盡而理純則其胸中之所存者豈不粹然天地生物之心而藹乎其若春陽之溫哉默而成之固無一理之不具而無一物

之不該也感而通焉則無事之不得於理而無物之不被其愛矣

臣按朱熹之於此章發明剖析無復餘蘊今具其文如右夫所謂耳目口鼻四肢之欲者目之於色耳之於聲口之於味鼻之於臭（古之於香臭通名之曰臭非如今人專以穢爲臭也）四肢之於安佚是也四者之欲未克則欲勝而理泯安得有仁此所以貴乎克也克者戰勝攻取之謂私欲害人甚於寇賊故必勇往力行克而去之也原憲問克伐怨欲不行焉可以爲仁矣子曰可以爲難矣仁則吾不

知也。克伐怨欲。四者皆私意也。原憲之所謂克欲以勝人而非克己之謂。原憲但欲制之而不行。便以爲仁。夫子所以不許之。若克己。則奮然決去之辭。而非抑遏不行之謂。如去惡木。不但剪其枝條。而必發撅其本根。非顏子之大勇。聖人肯輕許之哉。仁之一字。見於經者。自仲虺之誥始。曰克寬克仁。彰信兆民。伊尹繼之曰。民罔常懷。懷于有仁。前乎此者。如虞書所謂好生之德。安民則惠。即所謂仁。而未有仁之名。至商書而名始著。然其所言大抵皆仁之用。顏子之問。孔子之答。乃仁之體

大聖人亦自知自克但與凡人別耳

也。二帝三王雖無已之可克，然舜所謂人心惟危，道心惟微，惟精惟一；成湯之不邇聲色，不殖貨利，以禮制心，其用功初無異于顏子也。蓋必有顏子之仁，而後有二帝三王之仁，此成已成物之相爲終始也。有天下者曷嘗無好仁之心，而爲仁之難反甚于學者，以物欲之爲害者衆也。詞人作賦，乃以是許漢光武焉，曰克已復禮，允恭乎孝文。自今觀之，光武則誠賢矣，然廢正后，易太子，皆私欲之爲也，其得以是稱乎？若唐太宗之濟世安民，不可謂無仁之用者，原其所本亦以其從諫改過粗知所以自克者故其效亦不可揜惟其自克之功少而自縱之失多故僅能為太宗之仁而不能為二帝三王之仁惟聖明之君立志務學以帝王為的而不以漢唐自安則於孔門克復之功正當俛焉以用其力必至于天理全而人欲泯則天下歸仁有日矣臣不勝惓惓　此章書言仁

子曰參乎吾道一以貫之貫通也曾子曰唯唯者應之速而無疑也子出門人問曰何謂也曾子曰夫子之道忠恕而已矣而已矣者竭盡無餘之辭

而已矣說得直截了當

朱熹曰聖人之心渾然一理而泛應曲當用各不同曾子于其用處蓋以隨事精察而力行之但未知其體之一爾夫子知其真積力久將有所得是以呼而告之曾子果能默契其指即應之速而無疑也又曰盡己之謂忠推己謂之恕夫子之一理渾然而泛應曲當譬則天地之至誠無息而萬物各得其所也自此之外固無餘法而亦無待于推矣曾子有見乎此而難言之姑借學者盡己推己之目以著明之欲人之易曉也蓋至誠無息者道之體也萬殊之所以一本也萬物各得其所者道

議論多未歸一

之用也。一本之所以萬殊也。以此觀之。則一以貫之之實可見矣。或曰。中心爲忠。如心爲恕。於義亦通。

程頤曰。以己及物。仁也。推己及物。恕也。違道不遠是也。忠恕一以貫之。忠者天道。恕者人道。忠者無妄。恕者所以行乎忠也。忠者體。恕者用。大本達道也。此與違道不遠異者。動以天爾。又曰。維天之命。於穆不已。忠也。乾道變化。各正性命。恕也。又曰。聖人教人。各因其才。吾道一以貫之。唯曾子爲能達此。此孔子所以告之也。曾子告門人曰。夫子之道忠恕而已矣。亦猶夫子之告曾子也。中庸所謂違道不遠是也。斯乃下學上達之義。又曰。忠恕違道不遠。施諸己而不願。亦勿施諸人。此又掠下教人。朱熹又曰。忠是根本。恕是枝葉。一者忠也。以貫之者恕也。忠因恕見。恕由忠出。又曰。天地則無心之忠恕。聖人是無爲之忠恕。學者則有爲之忠恕。或問聖人之忠即是誠否。曰。然。聖人之恕即是仁否。曰。然。在學者言之。則忠近誠。恕近仁。又曰。忠一本。恕萬殊。一本是統會處。萬殊是流行處。又曰。忠恕一貫之注脚也。

臣按一貫之指朱熹盡之矣是豈惟學者所當知哉夫天之于衆形匪物物刻而雕之也維天之命於穆不已而洪纖小大各正性命焉人君以一身應天下之務苟不知道之大原而欲隨事隨物以應之各當其理難矣故忠恕者人君應萬務之本也

聖明在上誠能即先儒之說深窮其指而力行之則一心可以宰萬物一理可以貫萬事而聖門之功用在我矣

中庸

孔子之孫子思作

中豈有二

程頤曰不偏之謂中不易之謂庸

朱熹曰中者不偏不倚無過不及之謂庸平常也

或問名篇之義程子專以不偏爲言呂氏專以過不及爲說二說固不同矣子乃合而一之何也曰中一名而有二義程子固言之矣今以其說推之不偏不倚云者程子所謂在中之義未發之前無所偏倚之名也無過不及者程子所謂中之道也見諸行事各得其中之名也蓋不偏不倚猶立而不近四旁心之體地之中也無過不及猶行而不先不後理之當事之中也故于未發之大本則取

不偏不倚之名。而所以爲無過不及之本體固在於是。及其發而得中也。雖其所主不能不偏于一事。然其所以無過不及者。是乃無偏倚者之所爲。而於一事之中。亦未嘗有偏倚也。故程子又曰。言和則中在其中。言中則含喜怒哀樂在其中。而呂氏亦曰。當其未發。此心至虛。無所偏倚。故謂之中。以此心而應萬物之變。無往而非中矣。是則二義雖殊。而實相爲體用。此愚於名篇之義所以不得取此而遺彼也。曰。庸字之義。程子以不易言之。而子以爲平常。何也。曰。唯其平常。故可常而不可易。

若驚世駭俗之事則可暫而不得爲常矣二說雖殊其致一也

喜怒哀樂之未發謂之中發而皆中節謂之和中也者天下之大本也和也者天下之達道也致中和天地位焉萬物育焉

朱熹曰喜怒哀樂情也其未發則性也無所偏倚故謂之中發而中節情之正也無所乖戾故謂之和大本者天命之性天下之理皆由此出道之體也達道者循性之謂天下古今之所共由道之用也又曰致推而極之也位者安其所也育者遂其

生也。自戒懼而約之以至於至靜之中。無少偏倚。而其守不失。則極其中而天地位矣。自慎獨而精之。以至于應物之處。無少差謬。而無時不然。則極其和。而萬物育矣。葢天地萬物。本同一體。吾之心正。則天地之心亦正。吾之氣順。則天地之氣亦順。故其效驗至于如此。此學問之極功。聖人之能事。而非有所待于外也

或問中和之義。朱熹曰。天命之性。萬理具焉。喜怒哀樂各有攸當。方其未發。渾然在中。無所偏倚。故謂之中。及其發而皆得其當。無所乖戾。故謂之和。

謂之中者所以狀性之德道之體也以其天地萬物之理無所不該故曰天下之大本謂之和者所以著情之正道之用也以其古今人物之所共由故曰天下之達道蓋天命之性純粹至善而具于人心者其體用之全本皆如此不以聖愚而有加損也然靜而不知所以存之則天理昧而大本有所不立矣動而不知所以節之則人欲肆而達道有所不行矣惟君子自其不睹不聞之前而所以戒慎恐懼者愈嚴愈敬以至于無一毫之偏倚而守之常不失焉則爲有以致其中而大本之立日

以益固矣尤於隱微幽獨之際而所以慎其善惡之幾者愈精愈密以至于無一毫之差謬而行之每不違焉則爲有以致其和而達道之行日以益廣矣致者用力而推致之以極其至之謂致焉而極其至至於靜而無一息之不中則吾心正而天地之心亦正故陰陽動靜各止其所而天地之心亦正矣動而無一事之不和則吾氣順而天地之氣亦順故充塞無間驩欣交通而萬物於此乎育矣然則中和果二事乎曰觀其一體一用之名則安得不二察其一體一用之實則此爲彼體彼爲

此用。如耳目之能視聽。視聽之由耳目。亦初非有二也

臣按致中和而天地位萬物育。此參天地贊化育之事也。可謂難矣。然求其所以用功者。不過曰敬而已。蓋不睹不聞之時而戒懼者。敬也。已所獨知。人所未知之時而致慎者。亦敬也。靜時無不敬。卽所以致中。動時無不敬。卽所以致和。爲人君者。但當恪守一敬。靜時以此涵養。動時以此省察。以此存天理。以此遏人欲。工夫到極處。卽所謂致中致和。自然天地位萬物育。如箕

者洪範所謂肅乂哲謀聖而雨暘燠寒風應之董仲舒謂人君正心以正朝廷正百官正萬民則陰陽和風雨時諸福之物莫不畢至皆是此理惟聖王深體力行之毋憚其難而不爲則天下之幸也

仲尼曰君子中庸小人反中庸君子之中庸也君子而時中小人之反中庸也小人而無忌憚也王肅本有反字朱熹從之

朱熹曰中庸者不偏不倚無過不及而平常之理乃天命所當然精微之極致也惟君子爲能體之

小人反是又曰君子之所以爲中庸者以其有君子之德而又能隨時以取中也小人之所以反中庸者以其有小人之心而又無所忌憚也蓋中無定體隨時而在是乃平常之理也君子知其在我故能戒慎不睹恐懼不聞而無時不中小人不知有此則肆欲妄行而無所忌憚矣

程頤曰欲知中庸無如權權須是時而爲中特以手足胼胝禹也閉戸不出顔淵二者之間取中便不是中若當手足胼胝則于此爲中當閉戸不出則於此爲中權之爲言秤錘之義也何物爲權義也

又曰中字最難識須是默識心通且試言一廳則廳之中爲中一家則廳非中而堂爲中一國則堂非中而國之中爲中推此類可見矣且時初寒時則薄裘爲中如盛寒而用初寒之裘則非中也三過其門不入在禹稷之世爲中若居陋巷則不中矣居陋巷在顔子之時爲中若三過其門不入則非中也或曰男女不授受之類皆然曰是也男女不授受中也若喪祭則不如此矣

楊時曰知中則知權不知權則是不知中也知一尺之物約五寸之中而執之中也一尺而厚薄小

旁行而不流易亦不言權而巽以行權見之三陳九卦

大之體殊則所執者輕重不等矣猶執五寸以爲中是無權也蓋五寸之執長短多寡之中而非厚薄小大之中也欲求厚薄小大之中則釋五寸之約而唯輕重之知而其中得矣故權以中行中因權立中庸之書不言權其曰君子而時中蓋所以爲權也

臣按程頤之論時中至矣楊時因其說而推明亦有補焉易之道以時義爲主如乾之六爻當潛而潛中也當潛而見則非中矣當飛而飛中也當飛而潛則非中矣他卦亦然洪範三德當

剛而剛中也當剛而柔則非中矣當正直而正直中也當正直而或剛或柔皆非中矣推之事事物物莫不皆然此人君撫世應物之大權然必以致知爲本惟

聖明深體焉

以上論吾道源流之正

大學衍義卷之十一 終

大學衍義卷之十二

宋 學士 真德秀 彙輯

明 史官 陳仁錫 評閱

格物致知之要

明道術

吾道源流之正二

誠者天之道也誠之者人之道也誠者不勉而中不思而得從容中道聖人也誠之者擇善而固執之者也博學之審問之慎思之明辨之篤行之有弗學學之弗能弗措也有弗問問之弗知弗措也有弗思思

之弗得弗措也有弗辨辨之弗明弗措也有弗行行之弗篤弗措也人一能之己百之人十能之己千之果能此道矣雖愚必明雖柔必强

朱熹曰誠者眞實無妄之謂天理之本然也誠之者未能眞實無妄而欲其眞實無妄人事之當然也聖人之德渾然天理眞實無妄不待思勉而從容中道則亦天之道也未至於聖則不能無人欲之私而其爲德不能皆實故未能不思而得則必擇善而後可以明善未能不勉而中則必固執而後可以誠身此則所謂人之道也不思而得生知

也不勉而中安行也擇善學知以下之事固執利行以下之事也博學審問慎思明辨篤行此誠之之目也學問思辨所以擇善而爲知篤行所以固執而爲仁有弗學學之弗能弗措以下則勇之事也君子之學不爲則已爲之則必要其成故常百倍其功至於愚而明則擇善之效柔而强則固執之效也

呂大臨曰君子所以學者爲能變化氣質而已德勝氣質則愚者可進于明柔者可進于强不能勝之則雖有志于學亦愚不能明柔不能立而已矣

葢均善而無惡者性也人所同也昏明强弱之禀不齊者才也人所異也誠之者所以反其同而變其異也夫以不美之質求變而美非百倍其功不足以致之今以鹵莽滅裂之學或作或輟欲變其不美之質及不能變則曰天質不美非學所能變是果于自棄其爲不仁甚矣

或問誠之爲義其詳可得聞乎曰難言也姑以其名義言之則眞實無妄之云也若事理之得此名則亦隨其所指之大小而皆有得乎眞實無妄之意耳葢以自然之理言之天地之間唯天理爲至

實而無妄故天理得誠之名若所謂天之道鬼神之德是也以德言之則有生之類惟聖人之心爲至實而無妄故聖人得誠之名若所謂不勉而中不思而得是也至於隨事而言則一念之實亦誠也一事之實亦誠也一行之實亦誠也是則大小雖曰不同然其義之所歸則未始不在于實也曰然則天理聖人之所以若是其實者何也曰一則純二則雜純則誠雜則妄此常物之大情也夫天之所以爲天也冲漠無朕而萬理兼該無所不具然其爲體則一而已矣未始有物以雜之也是以

無聲無臭無思無爲而一元之氣春秋冬夏晝夜昏明未嘗有一息之謬天下之物洪纖巨細飛潛動植亦莫不各得其性命之正以生而未嘗有一毫之差此天理之所以爲實而不妄者也若夫人物之生性命之正固亦莫非天理之實但以氣質之偏口鼻耳目四肢之好得以蔽之而私欲生焉是以當其惻隱之發而忮害雜之則所以爲仁者有不實矣當其羞惡之發而貪昧雜之則所以爲義者有不實矣此中人之心所以雖欲勉于爲善而內外隱顯常不免于二致其甚至於詐僞欺罔

而卒墮於小人之歸。則以二者雜之故也。惟聖人氣質清純。渾然天理。初無人欲之私。以病之。是以仁則表裏皆仁。而無一毫之不仁。義則表裏皆義。而無一毫之不義。其爲德也。固舉天下之善而無一事之或遺。而其爲善也。又極天下之實。而無一毫之不滿。此其所以不勉不思。從容中道。而動容周旋。莫不中禮也。曰。然則常人未免于私欲。而無以實其德者奈何。曰。聖人固已言之矣。亦曰擇善而固執之耳。夫於天下之事。皆有以知其如是爲善。而不能不爲。知其如是爲惡。而不能不去。則其爲善去惡之心固已篤矣于是而又加以固執之功雖其不睹不聞之間亦以戒慎恐懼而不敢懈則凡所謂私欲者出而無所施于外入而無所藏于中自將消磨泯滅不得以爲吾之病而吾之德又何患於不實哉是則所謂誠之者也

又曰自然而實者天也必期於實者人而天也

自誠明謂之性自由也 自明誠謂之教明則誠矣誠則明矣

朱熹曰德無不實而明無不照者聖人之德所性而有者也天道也先明乎善而後能實其善者賢

此是一等人

此其次又一等下工夫人正不須詳甚次方到能化地頭非曰成功則一正不妨剖之爲二

人之學由教而入者也人道也誠則無不明矣明則可以至於誠矣

唯天下至誠爲能盡其性能盡其性則能盡人之性能盡人之性則能盡物之性能盡物之性則可以贊天地之化育可以贊天地之化育則可與天地參矣其次致曲曲能有誠誠則形形則著著則明明則動動則變變則化唯天下至誠爲能化正在致曲處能化

朱熹曰天下至誠謂聖人之德之實天下莫能加也盡其性者德無不實故無人欲之私而天命之在我者察之由之巨細精粗無毫髮之不盡也人

物之性亦我之性但以所賦形氣不同而有異耳能盡之者謂知之無不明處之無不當也贊猶助也與天地參謂與天地竝立而爲三也其次通大賢以下凡誠有未至者而言也致推致也曲一偏也形者積中而形外著則又加顯矣明則又有光輝發越之盛動者誠能動物變者物從而變化則有不知其所以然者蓋人之性無不同而氣則有異故惟聖人能舉其性之全體而盡之其次則必自善端發見之偏而悉推致之以各至其極也曲無不致則德無不實而形著動變之功自不能巳

夫大人者與天地合其德天、地分做大人合做

積而至於化，則其至誠之妙。初不異於聖人也。

又曰。盡己之性。如在父子則親。在君臣則義，在兄弟則愛之類。己無一之不盡。盡人之性。如黎民於變時雍。盡物之性。鳥獸魚鼈咸若。如此則可以贊天地之化育。皆是實事。非私心之倣像也。

又曰。人在天地中間，雖止是一理。然天人所爲，各自有分。人所能爲者。天有所不能爲。如天能生物。而耕種必用人。水能潤物。而灌溉必用人。火能燂物。而薪爨必用人。財成輔相必用人。爲非贊助而何呂大臨曰。堯命羲和欽若昊天。若民之析因夷隩。鳥獸之孳尾希革毛毨氄毛。無不與知。則所贊可知。贊者行其所無事。順以養之而已。天地之化。猶有所不及。必人贊之而後備。則天地非人不立。故人與天地並立而爲三

臣按。贊化育。參天地。乃至誠之極功。而其本則盡已之性而已。此聖人所以可學而至也。其次致曲。即學之事。臣謂曲猶曲禮之曲。蓋聖人生知安行。不待致曲。自能盡性。自大賢以下。則必於纖微委曲而用其功。即前章博學審問慎思

只爲忽略了纖微委

曲再不能到至誠地位

明辨篤行之意顏子之四勿曾子之三省皆致曲之事

誠者物之終始不誠無物是故君子誠之爲貴

朱熹曰誠之爲言實而已矣然此篇之中有以理之實而言者如曰誠之不可揜之類是也有以心之實而言者如曰反諸身不誠之類是也讀者各隨文意所指而尋之則其義各得矣所謂誠者物之終始不誠無物者以理言之則天地之理至實而無一息之妄故自古至今無一物之不實而一物之中自始至終皆實理之所爲也以心言之則

聖人之心亦至實而無一息之妄故從生至死無一事之不實而一事之中自始至終皆實心之所爲也此所謂誠者物之終始者然也苟未至于聖人而其本心之實猶未免於間斷則其實有是心之初以至未有間斷之前所爲無不實者及其間斷之後以至于未相接續之前凡所云爲皆無實之可言雖有其事亦不異於無有矣如曰三月不違則三月之間所爲皆實而三月之後未免于無實蓋不違之終始即事之終始也日月至焉則至此之時所爲皆實而去此之後未免於無實蓋至

焉之終始即其物之終始也是則所謂不誠無物者然也以是言之則在天者本無不實之理故凡物之生於理者必有是理方有是物未有無其理而徒有不實之物者也在人者或有不實之心故凡物之出于心者必有是心之實乃有是物之實未有無其心之實而能有其物之實者也程子所謂徹頭徹尾者蓋如此也

臣按此章之義上下皆所當知自人君言之必有脩德之實心然後有脩德之實事有愛民之實心然後有愛民之實事未有無是心之實而

能有其事之實者也以是推之餘莫不然是故君子實之爲貴

天下之達道五所以行之者三曰君臣也父子也夫婦也昆弟也朋友之交也五者天下之達道也知仁勇三者天下之達德也所以行之者一也

臣按君臣父子以至朋友之交此五者天下共由之路故曰達道知仁勇三者人所同得也故曰達德道雖人之所共由然其知是以及之則君之當仁臣之當敬子之當孝父之當慈也必不昧其所以然知雖及之而仁不能守仁雖能

守而勇不能斷則於當行之理或奪於私欲或蔽於利害以至蔑天常而敗人紀者多矣故曰所以行之者一三德雖人所同得然或勉强焉或矯飾焉則知出於數術仁流於姑息勇過於彊暴而德非其德矣故行之必本於誠一者誠也三者皆眞實而無妄是之謂誠德至於誠則以之爲君必盡君道以之爲臣必盡臣道處夫婦昆弟朋友之間無不盡其道者漢高帝溺嬖寵而兆人彘之禍以私欲蔽其知也晉武帝違親命而虧介弟之恩以讒賊害其仁也唐太宗

於廢承乾立子治之際，幾不能決，以愛牽其勇也。然則人君之於三德，其可使有一之闕哉？其可有一之不出於誠哉？以上皆言誠

子曰：好學近乎知，力行近乎仁，知恥近乎勇。知斯三者，則知所以脩身；知所以脩身，則知所以治人；知所以治人，則知所以治天下國家矣。

臣按：前章既言三達德，此又教人以入德之路也。夫智必上智，仁必至仁，勇必大勇，然後爲至。然豈易遽及哉？苟能好學不倦，則亦近乎智矣；力行不已，則亦近乎仁矣；以不若人爲恥，則亦

近乎勇矣蓋好學所以明理也力行所以進道也知恥所以立志也能於是三者用其功則所謂三達德者庶乎可漸致矣知斯三者則脩身治人之道不外乎此自家而國自國而天下特推之而已爾此章言智仁勇

孟子見梁惠王王曰叟不遠千里而來亦將有以利吾國乎孟子對曰王何必曰利亦有仁義而已矣

臣按孟子七篇以仁義爲首此造端託始之深意也程頤有曰孔子言仁未嘗兼義獨於易曰立人之道曰仁與義而孟子言仁必以義配可

謂有功于聖門矣梁惠王一章臣已著之義利篇故不悉錄

孟子曰仁人之安宅也義人之正路也曠安宅而弗居舍正路而不由哀哉

臣按仁者心之德心存於仁則安反是則危義者心之制身由於義則正反是則邪二者皆吾所自有而甘心於自棄焉是虛至安之宅而託曠蕩之野背至正之路而趨荆棘之塗此聖賢之所深哀也

孟子曰人之所以異于禽獸者幾希庶民去之君子

存之。舜明於庶物，察於人倫，由仁義行，非行仁義也。

臣按：人之與物相去亦遠矣，而孟子以爲幾希者，蓋人物均有一心，然人能存而物不能存，所不同者惟此而已。人類之中有凡民者，亦有是心而不能存，是卽禽獸也。惟君子能存之，所以異于物耳。若大舜之聖，則明乎物之所以爲物，察乎人之所以爲人，不待於存而自存。蓋存之者猶待于用力，舜則身卽理，理卽身，渾然無間，而不待于用力，所謂生知安行，從容中道者是也。由仁義行，則身與理一；行仁義，則身與理二。

然未至於舜則所以行仁義者正所當勉也行而久久而熟熟而安則與由而行者亦豈異哉此湯武反之之事有志於學聖人者不可以不勉

王子墊問曰士何事孟子曰尚志曰何謂尚志曰仁義而已矣殺一無罪非仁也非其有而取之非義也居惡在仁是也路惡在義是也居仁由義大人之事備矣

臣按王子墊者必當時國君之子天子諸侯之子其未命者皆曰士觀其所問與孟子所告則

其人必有志者也殺一無罪則非仁非其有取之則非義方是時天下之戰國七爭地以戰殺人盈野爭城以戰殺人盈城其戮及無罪者衆矣此不仁之甚也侵人土疆奪人寶貨非其有而取之者衆矣此不義之甚也然當時之君習於爲此未必知其爲不仁不義也故孟子斥而言之使以不仁爲戒而所居常在乎仁以不義爲戒而所由常在於義如此則大人之事備孟子此言所以救横流之禍全生民之命者其功豈少哉爲人君者當味斯言以自警也

孟子曰人皆有所不忍達之於其所忍仁也人皆有所不爲達之於其所爲義也人能充無欲害人之心而仁不可勝用也人能充無欲穿窬之心而義不可勝用也人能充無受爾汝之實無所徃而不爲義也

臣按孟子此章教人以善推其所爲也夫有所不忍有所不爲者此心之正也能有是心而推之雖所忍者亦不忍即仁也雖所爲者亦不爲即義也如無欲害人此所謂不忍也私欲一動則不忍者有時而忍矣無欲穿窬此所謂不爲也私欲一動則不爲者有時而爲矣惟能即是

心而克之害人之事固所不欲其未至于害人者亦皆不欲仁其可勝用乎穿窬之事固所不爲其未至於穿窬者亦皆不爲義其可勝用乎爾汝人所輕賤之稱知耻者之所不肯受此所謂羞惡之心也能自此克之則無所往而非義也大抵人之本心無不善者由其以利欲汨之而失其本心故侵尋蹉跌遂流於不善如百步之走則知耻之而五十步則不以爲耻曷若併五十步而無之乎月攘一雞則知耻之歲攘其一則不以爲耻曷若併歲攘而不爲乎知此而

切實處即中庸之至誠也

後知孟子克之之說。以上兼言仁義

孟子曰。仁之實。事親是也。義之實。從兄是也。智之實。知斯二者弗去是也。禮之實。節文斯二者是也。樂之實。樂斯二者。樂則生矣。生則惡可已也。惡可已也。則不知足之蹈之。手之舞之

臣按。此孟子指言仁義知禮樂之實。使人知所以用力之地也。仁義之道大矣。而其切實處。止在於事親從兄。蓋二者人之良知良能。天性之眞。於焉發見。欲爲仁義者。惟致力乎此而已。否則悠悠然。汎汎然。非可據之實地矣。眞知斯二

者守之而不去則智之實節文斯二者適隆殺之宜則禮之實於斯二者樂行之而樂有從容安適之意無勉强矯拂之爲則樂之實蓋天下之善未有出於事親從兄之外者尚至于樂則方寸之間油然自有生意敷暢條達自不可已足之所蹈手之所舞亦將有不知其然而然者矣然非深玩而實體之其能識此味乎此章兼言仁義智禮樂

孟子曰夫仁天之尊爵也人之安宅也莫之禦而不仁禦止也是不智也

朱熹曰仁者天地生物之心得之最先而兼統四者所謂元者善之長也故曰尊爵在人則爲本心全體之德有天理自然之安無人欲陷溺之危人當常在其中而不可須臾離也故曰安宅

臣按仁者我所自有苟欲爲之誰能止者乃甘心於不仁豈非不智乎故仁智二者常相須焉

不仁斯不智矣不智斯不仁矣

孟子曰君子之於物也愛之而弗仁於民也仁之而弗親親親而仁民仁民而愛物物謂禽獸草木愛物謂取之有時用之有節

臣按天下之理一而分則殊凡生於天壤之間者莫非天地之子而吾之同氣者也是之謂理一然親者吾之同體民者吾之同類而物則異類矣是之謂分殊以其理一故仁愛之施無不徧以其分殊故仁愛之施則有差若以親親之道施於民則親疎無以異矣是乃薄其親以仁民之道施于物則貴賤無以異矣是乃薄其民故于親則親之於民則仁之而於物則愛之合而言之則皆仁分而言之則有序此二帝三王之道所以異于楊墨也此章言仁之施

孟子曰。仁則榮。不仁則辱。今惡辱而居不仁。是猶惡濕而居下也

張栻曰。仁者非有意於榮。仁者固榮也。在身則心和而氣平。德性尊而暴慢遠。在家則父子親。兄弟睦。夫婦義。長幼序。推之于國而國治。施之於天下而天下平。無往而不榮也。若夫不仁之人。咈理而狥欲。一身且不自保。況其他乎。夫人之情。孰不惟辱之惡。而自處於不仁。則以私欲蔽之。而昧夫榮辱之幾故也

孟子曰。三代之得天下也以仁。其失天下也以不仁。

國之所以廢興存亡者亦然。天子不仁，不保四海；諸侯不仁，不保社稷；卿大夫不仁，不保宗廟；士庶人不仁，不保四體。今惡死亡而樂不仁，是猶惡醉而强酒。

臣按：孟子此章，明白峻厲，自天子以至庶人，皆當佩服以自警也。然所謂不仁者，非他，縱人欲以滅天理而已。人欲縱而天理滅，其禍至於如此，可不畏哉！

孟子曰：詩云：商之孫子，其麗不億。麗，數也。億，十萬也。上帝既命，侯于周服。言爲周之諸侯也。侯服于周，天命靡常。殷士膚敏，祼將于京。膚，美也。敏，速也。祼將，祭事也。孔子曰：仁不可爲衆也。

夫國君好仁天下無敵今也欲無敵于天下而不以仁是猶執熱而不以濯也詩曰誰能執熱逝不以濯

臣按此大雅文王之詩也以商之孫子而為周之諸侯以殷之美士而奔走周廟之祭天命何常之有哉成湯惟其仁也故天命歸于商紂惟其不仁故天命轉而歸周商之孫子其數以十萬計可謂衆矣而不能存商者以周之仁雖衆無所用也孟子舉此以明國君好仁則天下無能敵者歎當時之不然也前後三章而三取喻曰惡濕而居下也惡醉而强酒也執熱而不以

濯也其警世主也深矣

孟子曰不仁者可與言哉安其危而利其菑樂其所以亡者不仁而可與言則何亡國敗家之有

臣按自昔危亂之世未嘗無忠言祖伊嘗諫紂矣召穆公嘗諫厲王矣李斯嘗諫二世矣而三君不之聽者蓋其心既不仁故顛倒迷繆以危爲安以菑爲利取亡之道爲可樂也夫人君孰不欲安存而惡危亡而其反易至此者私欲蔽障而失其本心故爾武帝垂老而能聽田千秋故漢不至于亂德宗播遷而能聽陸贄故唐不

至于亡信乎不仁而可與言猶可以存其國也雖然亦僅免於亡而已若仁人在上雖居治安之世而樂聞危亂之言是以長治久安而無後患吁此豈武帝德宗所及哉

孟子曰桀紂之失天下也失其民也失其民者失其心也得天下有道得其民斯得天下矣得其民有道得其心斯得民矣得其心有道所欲與之聚之所惡勿施爾也民之歸仁也猶水之就下獸之走壙也壙曠野也故爲淵敺魚者獺也獺食魚之獸爲叢敺雀者鸇也鸇鷹類擊鳥雀爲湯武敺民者桀與紂也今天下之君有好仁

者則諸侯皆爲之敺矣雖欲無王不可得已

臣按此章之要在於所欲與聚所惡勿施之二言大學曰民之所好好之民之所惡惡之此之謂民之父母父母于子心誠求之所欲者無不與所惡者無不去君之于民何獨不然當戰國時禽獸其民往往施之以所惡故孟激切而言言之夫仁者豈有心於天下之歸已哉水就下獸走壙理之自然非有爲而爲之也故張栻有言循天理而無利天下之心而天下歸之者三王之所以王也假是道亦以得天下者漢唐是

也故秦爲漢敺者也隋爲唐敺者也爲人上者其可不鑒于兹

孟子曰不仁哉梁惠王也仁者以其所愛及其所不愛不仁者以其所不愛及其所愛公孫丑曰何謂也梁惠王以土地之故糜爛其民而戰之大敗將復之恐不能勝故驅其所愛子弟以殉之是之謂以其所不愛及其所愛也謂使太子申與齊戰爲齊所虜也

臣按人之情孰不愛其所親而梁惠王乃倒置若是者以貪得之心勝故天理熄滅人欲横流而至於斯極也朱熹謂仁人之恩自內及外不

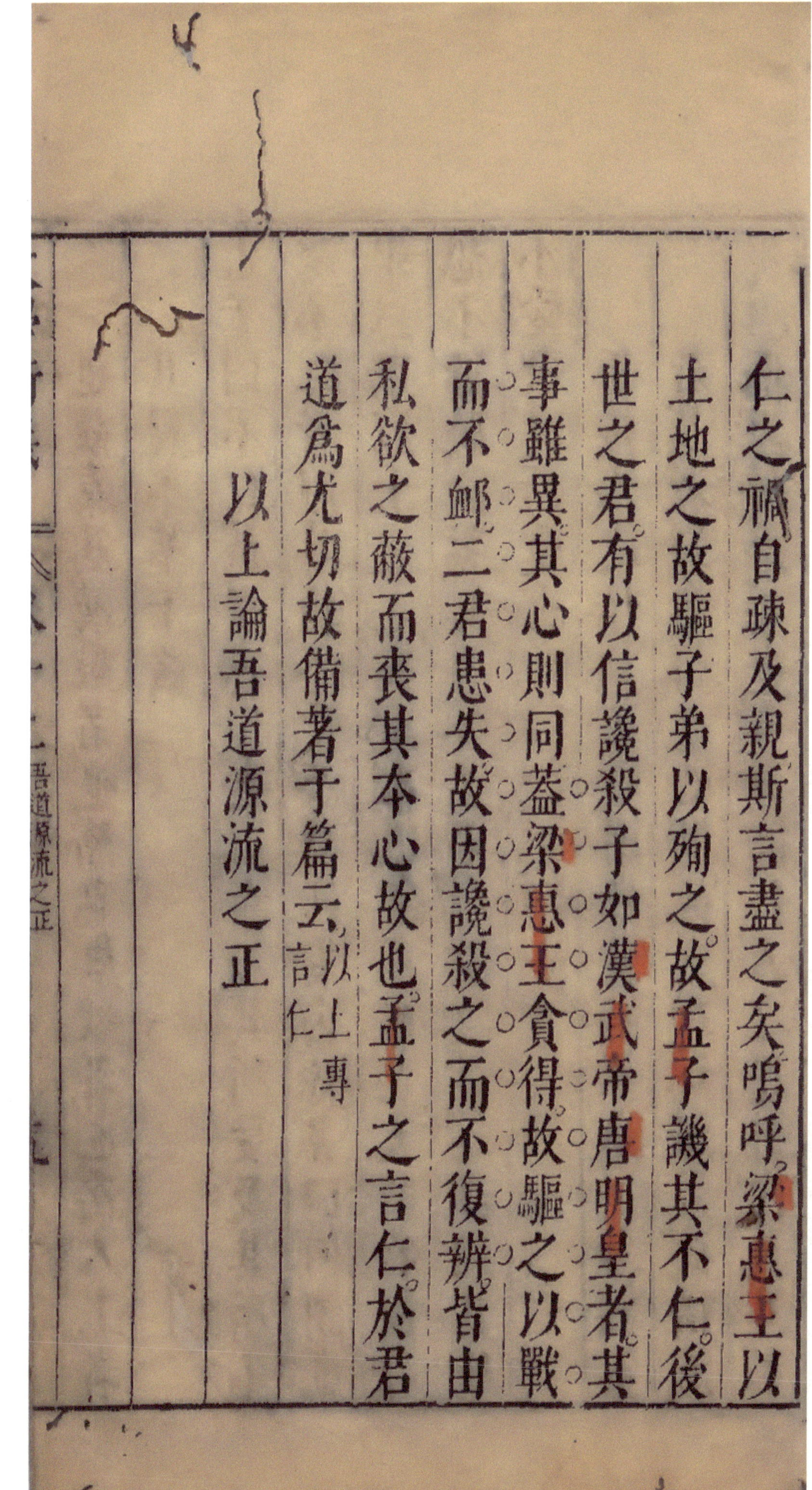

仁之禍自疎及親斯言盡之矣嗚呼梁惠王以土地之故驅子弟以殉之故孟子譏其不仁後世之君有以信讒殺子如漢武帝唐明皇者其事雖異其心則同蓋梁惠王貪得故驅之以戰而不䘏二君患失故因讒殺之而不復辨皆由私欲之蔽而喪其本心故也孟子之言仁於君道爲尤切故備著于篇云以上專言仁

以上論吾道源流之正

延宝戊午一見加朱　林学士

大學衍義卷之十二　終